历史的脚步

——互联网金融服务及其在我国的发展（1998—2001）

陈　静　主编

中国电子商务年鉴银行业专家　编著

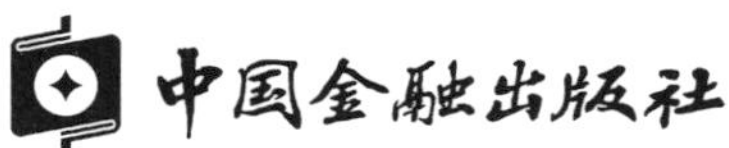

责任编辑：仲　垣　张黎黎
责任校对：刘　明
责任印制：裴　刚

图书在版编目（CIP）数据

历史的脚步（Lishi de Jiaobu）——互联网金融服务及其在我国的发展（1998—2001）/陈静主编，中国电子商务年鉴银行业专家编著．—北京：中国金融出版社，2015.9
ISBN 978-7-5049-8097-7

Ⅰ.①历…　Ⅱ.①陈…②中…　Ⅲ.①互联网络—应用—金融—研究—中国—1998～2001　Ⅳ.①F832

中国版本图书馆CIP数据核字（2015）第200737号

出版发行　中国金融出版社
社址　北京市丰台区益泽路2号
市场开发部　（010）63266347，63805472，63439533（传真）
网 上 书 店　http://www.chinafph.com
（010）63286832，63365686（传真）
读者服务部　（010）66070833，62568380
邮编　100071
经销　新华书店
印刷　环球印刷（北京）有限公司
尺寸　169毫米×239毫米
印张　15.25
字数　140千
版次　2015年9月第1版
印次　2015年9月第1次印刷
定价　48.00元
ISBN 978-7-5049-8097-7/F.7657

中国电子商务年鉴银行业专家委员会[①]

主　　编： 陈　静

责任编辑： 徐文胜

主任委员：（以下排名不分先后）

陈　静　中国人民银行科技司司长
林晓轩　中国工商银行信息科技部总经理
曹少雄　中国农业银行科技部副总经理
陈　皓　中国银行信息科技部副总经理
徐　捷　中国建设银行科技部副总经理
兰福民　交通银行电脑部副总经理
林　丽　中信实业银行信息技术部总经理
李　坚　中国光大银行电脑部总经理
蒋笑凡　华夏银行网络银行部副总经理
黄益民　招商银行电脑部总经理
黄荣南　深圳发展银行电脑部副总经理
郑海清　福建兴业银行信息科技部总经理
奚力铭　上海浦东发展银行电脑部总经理

① 上述银行业专家的职务截至2001年11月。

撰稿人：

徐文胜	中国人民银行科技司
叶　林	中国人民银行科技司
张　艳	中国工商银行信息科技部
马　雁	中国工商银行信息科技部
耿　慧	中国农业银行科技部
李雅品	中国农业银行科技部
涂晓军	中国农业银行科技部
乔　东	中国银行信息科技部
史润生	中国建设银行科技部
张　路	交通银行电脑部
孙晓旻	中国光大银行电脑部
宋晓波	华夏银行网上银行部
钟楼鹤	华夏银行网上银行部
高晨伟	中国民生银行科技部
李凌杰	广东发展银行科技部
丁　强	深圳发展银行电脑部
黄正建	福建兴业银行信息科技部
铁锦程	上海浦东发展银行电脑部
刘耀东	上海浦东发展银行电脑部

序　一

1998年左右，为适应我国电子商务的发展，为迎接中国加入WTO带来的新机遇和新挑战，我国商业银行开始发展互联网银行业务。可以说，这是中国互联网金融服务的起点。中国人民银行在推动我国互联网金融服务发展过程中，发挥了不可替代的作用，一方面在政策上积极支持、鼓励商业银行发展网上银行业务，另一方面联合商业银行，从银行业的总体利益出发，协调各部门、各行业，为推动电子商务和商业银行网上银行业务的发展创造良好的环境。

在商业银行网上银行业务和互联网金融服务发展过程中，各银行遇到了一些在传统业务中未曾出现的新问题。中国人民银行科技司原司长陈静同志牵头，组织各商业银行科技部门与业务管理部门，积极研究与探索互联网金融的发展。经过艰苦的努力，于2001年11月完成了《互联网金融服务及其在我国的发展》的研究报告，此后大部分发表在《中国电子商务年鉴（2002）》上。该报告明确提出了“互联网金融服务”的概念和理念，总结了当时我国商业银行发展互联网金融的情况、相关的经验以及人民银行所做的主要工作。这为此后逐步形成和发展互联网金融作出了积极的、难能可贵的贡献。

现在，将这份报告的完整版正式出版（除对个别语句、英文字母等统一规范外，未对报告内容作任何修改）是很有意义的。这是一份珍贵的历史资料，是1998年至2001年我国银行业发展互联网金融的历史记录，真实、生动地反映了这段“历史的脚步”。这将有利于读者了解当时中国互联网金融发展的历史原貌。我当时在人民银行工作，现在读后也倍感亲切与欣慰。

转眼十四个年头过去了。目前互联网金融的范畴已进一步扩展，呈现出更大的发展活力，对我国金融业发展提出了更大的挑战，提供了更多的发展机遇。2015年7月经党中央、国务院批准同意颁布的《关于促进互联网金融健康发展的指导意见》具有里程碑式的重要意义。过去我们高度重视互联网金融的变革，现在更有信心深化金融改革与创新，加快规范发展互联网金融。我们相信，互联网金融的发展必将为中国金融业改革发展与创新提供重要机遇，同时也会带来新的挑战。我们应当抓住机遇，迎接挑战。

中国证监会主席
中国人民银行原副行长 肖钢

2015年8月24日

序　二

20世纪90年代中后期，全新的互联网银行出现在美国，引起世界的关注与重视。同时，电子商务开始迅速发展。我国银行金融机构面临提供优质网上支付结算的紧迫需求。在党中央和国务院的领导下，中国人民银行和各商业银行对此高度重视，积极支持并推动互联网金融的探索与创新。大力发展互联网金融服务、提升银行的支付服务能力，缩小与西方发达国家商业银行之间的差距，成为当时中国人民银行和商业银行重要、紧迫的任务。

从1998年到2001年，由中国人民银行科技司原司长陈静同志牵头，组织全国主要商业银行科技部门和业务管理部门的同志，对电子商务和网上银行开展了前瞻性的、深入细致的探索性研究工作。他们在内容新、工作忙的情况下，付出了艰苦的努力，于2001年11月完成了一份深入、翔实、全面的研究报告。该报告明确提出了“互联网金融”的概念，详细总结了国内各家主要商业银行发展互联网金融服务的情况及中国人民银行作为中央银行所做的主要工作，其节选内容刊登在由国家22个部委联合编纂的《中国电子商务年鉴（2002）》上。

该课题研究积极促进了商业银行网上银行业务的发展，为以后国内互联网金融服务的发展作出了开创性的贡献。在我国互联网金融蓬勃发展的今天，我们不应忘记他们以及银行金融机构的辛勤劳动和贡献。今天出版本书就是回顾我国银行业发展互联网金融难忘的“历史的脚步”，进一步推动我国的金融改革与创新。

互联网是20世纪人类社会发展最具革命性的事件之一，标志着信息时代的到来。互联网诞生于国防军事领域，而当今互联网金融是互联网最重要的应用之一。互联网、云计算、大数据和移动支付在金融上的运用，极大地降低了信用管理的成本，使传统金融难以覆盖的人群进入了金融服务的范围，为普惠金融提供了基础性的技术支持。互联网“开放、平等、协作、包容”和注重客户体验的精神，对传统金融业产生了重大冲击，虽然它不会改变金融中介管控风险的服务本质，但它会促使传统金融机构适应信息技术的发展，变革管控风险的服务方式。

传统银行业从网上支付开始拥抱互联网，互联网企业从第三方支付开始冲击银行业的传统领地。今天当我们翻看十四年前银行业互联网金融研究报告时，我不禁为银行业起大早赶晚集的现实而扼腕叹息。真正做到以需求为导向、以客户为中心才能让技术成为行业发展的驱动力，否则只会陷入被动的局面。

互联网企业介入金融业带来了新鲜血液和搅动力，但只有在敬畏金融管控风险规律的前提下才能成为社会的福音，否则会陷社会于金融混乱之中。互联网金融其不变的核心是用新技术做好管控风险的金融服务。祝愿互联网金融在党中央、国务院促进互联网金融健康发展的意见指导下，为增进全民福祉贡献力量。

是为序。

全国人大常委、财经委副主任委员
中国人民银行原副行长 吴晓灵

2015 年 8 月 19 日

序　三

随着互联网蓬勃兴起并在我国广泛应用，20 世纪 90 年代以来，我国金融业积极运用互联网技术不断推动自身改革与发展，快速缩小了与西方发达国家金融业在信息技术应用等方面的差距。

在此背景下，中国人民银行科技司原司长陈静同志于 1998 年组织对电子商务和网上银行开展了细致深入并极富前瞻性的研究，为互联网时代我国金融改革与发展提供了基础理论依据。十几年后的今天，在以大数据、智能芯片、移动互联和云计算等技术为代表的新一代互联网浪潮下，当年研究报告中“互联网金融服务对我国金融业产生深刻影响”的预测已经成为现实。目前，互联网金融在我国的发展如火如荼，网上银行、网上证券、网上保险已经全面普及，网络支付、网络借贷、股权众筹等新兴业态的探索和发展处于世界领先水平。在互联网时代下，如何与时俱进把握信息技术创新浪潮所带来的新红利，推进我国金融改革与发展，进而实现国家经济发展的转型升级值得我们深思。

一、互联网时代金融改革发展面临的新要求

党和国家对金融改革与发展的新要求。党的十八届三中全会对全面深化改革作出了新的战略部署。如何围绕市场在资源配置中的决定性作用，落实“互联网+”国家战略，助力大众创业、万众创新，进一步实现金融深化已经成为党和国家对金融改革与发展的新要求。

社会公众对金融改革与发展的新要求。随着我国经济的高速发展，全社会财富总量快速积累，据估计，截至2014年末我国居民个人财富已超过百万亿元，公众的财富管理意识和需求也明显增强。如何拓宽居民投融资需求，实现资产的保值增值，提供更全面的金融服务是社会公众对金融改革与发展的新要求。

金融形态变化对金融改革与发展的新要求。在金融创新的驱动下，目前综合化、集团化经营探索不断扩大已成为大趋势。金融机构横向业务合作、股权交叉投资越来越多，其业务范围和风险暴露已经跨越了原有的行业划分，使监管重叠与监管真空并存问题更加突出。如何适应金融形态发展变化是金融改革与发展面临的新要求。

二、互联网时代金融改革与发展的趋势展望

包容创新，支撑普惠金融发展。互联网一方面可有效弥补传统金融物理网点和基础设施的不足，有助于改善金融体系的深度、广度和可获得性；另一方面其网络特征有助于缓解贫困地区和低收入群体金融服务的高成本支出和规模不经济，降低服务成本，扩大服务边界，利用特有的网络效应保障服务收益。两方面的结合使普惠金融更具可持续性，有助于我国普惠金融的发展。

重塑结构，助力构建多层次的金融市场体系。通过建设互联网信用体系和风控体系，更有效识别风险，解决信息不对称的问题，有助于促进我国金融结构优化，有效提升直接融资占比，解决长久以来我国一直面临的企业多、融资难且资金多、投资难的“两多两难”问题。

跨界融合，促进我国利率和汇率市场化。互联网和金融的融合发展为利率市场化提供了一个很好的试验田，新的金融业态发挥的“鲇鱼效应”所引发的自主利率市场化进程，相比政府直接推动更易被行业接受，更加符合党中央提出的“市场发挥决定作用”和“创新发展”的战略。

走向世界，提升我国金融的国际竞争力。随着经济全球化和全球信息网络的发展，逐步形成了以信息网络为连接的全球化金融市场，为我国金融机构“走出去”提供了

广阔空间。在全球化背景下，数字化、网络化金融服务体系的构建不仅降低了金融机构的运营成本，其带来的金融规则发展变化还为我国掌握国际话语权、实现弯道超车提供了可能。

规范有序，不断完善宏观调控与金融监管。综合经营、集团经营已成为我国金融业发展的大势所趋，为防范系统性金融风险，防止监管真空和监管套利，通过运用大数据、云计算等互联网技术，能够更为全面、及时、敏锐地洞察我国金融业发展变化，提升宏观调控和金融监管的有效性。

三、互联网时代下金融改革和发展需正确处理的几个关系

互联网的出现，让金融业有了从服务的渠道和效率等方面完善自我和超越自我的重要技术基础。对此，既要有感性的期待，也要有理性的思考。要看到互联网不仅提升了金融业服务效率和服务能力，也加剧了风险传染性、高关联性等特征，正确处理好市场与政府的关系，实现创新与稳定、安全与便捷的动态平衡将为互联网时代我国金融业的健康发展奠定坚实的基础。

正确处理市场与政府的关系。在当前我国社会经济转型升级的时代背景下，面对互联网时代下金融改革与发展这样

一个典型的复杂系统，政府既要更加注重战略规划和顶层设计，不断建立健全相关法律法规，创造公平竞争的生态环境，还要注意互联网时代特征，对新生事物要多观察，给市场留足空间，在发展中促规范，在创新中控风险，进而实现整个系统的健康可持续发展。

正确处理创新与稳定的关系。互联网带来的生产力变革必然会对长期稳定运转的传统行业形成冲击，金融改革与发展要主动拥抱创新，适应新生产模式带来的挑战，在一定范围和规模内，在遵守法律的前提下，应以包容开放的心态鼓励金融创新。同时，要时刻注意创新与风险并存，在金融监管方面，要以法律法规为准绳，以风险控制为核心，做到“包容而不纵容”。

正确处理安全与便捷的关系。安全是金融业健康可持续发展的生命线。没有安全，就谈不上金融稳定，更谈不上金融普惠发展。在互联网时代，网上金融服务涉及账户管理、个人信息、金融交易等方面的敏感信息，其产品的规范性与安全性至关重要。在开展金融创新时，要始终把客户权益放在首位，在提供便捷金融服务的同时，切实保障客户金融资产的安全。

每一次大的金融创新都伴随着科技进步与技术变革，互联网时代对于金融改革与发展既是机遇也是挑战。随着《关于促进互联网金融健康发展的指导意见》的出台，互联网金融结束野蛮生长，进入规范发展的新阶段。希望互联网金融在党中央、国务院的指导下，防范风险，守住业务发展底线，实现满足人民群众需要、发展生产力、服务实体经济的长远目标。

是为序。

中国人民银行原副行长 

2015年8月28日

出版说明

2001年，中国人民银行作为国务院二十二个部委之一参加了《中国电子商务年鉴》编辑委员会。我是该编辑委员会的副主任之一。由我牵头，中国人民银行科技司组织当时国内主要商业银行的信息科技部门编写了《互联网金融服务及其在我国的发展》研究报告，于2001年11月将此报告提交给《中国电子商务年鉴》编辑委员会，最后大部分内容发表在《中国电子商务年鉴（2002）》上。

不久前，这份报告的底稿非常幸运地被找到。为社会各界、银行金融机构等完整地了解我国互联网金融的发展历史，征求了中国人民银行新老领导和银行金融机构相关人士的意见后，决定将这份报告的完整版正式出版，取名为《历史的脚步——互联网金融服务及其在我国的发展（1998—2001）》。

需要说明的是，这是一份历史资料，是1998年至2001年我国银行业发展互联网金融的历史记录。为了使读者了解当时中国互联网金融发展的原貌，我们在编辑整理过程中，除对个别语句、英文字母等进行了统一规范外，并未对报告内容作任何修改。因此，对其中可能存在的错误和遗漏等未作修订，敬请读者谅解。读者在阅读中，需要将思维的时空跳转到1998年至2001年，特别是涉及“当前”、“目前”、“至今”等词汇，请以报告写作时间来把握，避免出现混乱和误解。

本书的出版，得到了中国人民银行新老行领导的关心和大力支持，在本书出版之际，谨向他们表达深深的谢意。

中国人民银行科技司原司长　陈静

2015年8月18日于北京

目　　录

1 / **第一章　互联网金融服务的发展对我国金融业产生的深刻影响**

2 / 一、互联网金融服务的发展对我国商业银行的影响

3 / 二、互联网金融服务的发展对中国人民银行的影响

7 / **第二章　电子商务网上支付**

7 / 一、网上支付基本概念

9 / 二、电子支付回顾

10 / 三、网上支付模式简介

42 / 四、我国传统支付系统

50 / **第三章　网上银行**

50 / 一、网上银行概述

55 / 二、网上银行业务风险及其管理

61 / 三、网上银行业务监管

62 / 四、互联网金融服务在我国的发展情况

220 / **第四章　中国人民银行在互联网金融服务方面开展的相关工作**

第一章　互联网金融服务的发展对我国金融业产生的深刻影响

自20世纪五六十年代，西方银行界就开始使用计算机进行业务处理。几十年来，银行界不断地把先进的信息技术应用到银行的业务处理和经营管理中，极大地推动了金融创新的步伐。

近几年[①]，电子商务在世界范围内得到了迅猛发展。在电子商务浪潮中，金融业为了在未来的网络经济环境中求得生存并取得竞争优势，它们在信息技术上投入了巨资，纷纷推出互联网金融服务，金融创新令人目不暇接。这里所说的互联网金融服务主要包括以下几个方面：（i）网上银行业务、网上经纪业务、网上保险业务等金融机构所提供的互联网服务；（ii）在电子商务环境中，银行为客户提供的网上支付服务；（iii）为保证网上银行业务、网上支付的安全，银行（或银行联盟）向客户提供的认证服务。

① “近几年”是针对成稿时间而言，下同。

当前[①]，提供网上银行服务是商业银行战略上的必然选择。一方面，在网络经济环境中，技术创新是成本控制的主要解决手段，银行将更多地依赖技术手段来降低其经营成本；通过网上银行，银行无需设立分行就可以扩展客户地域。另一方面，通过网上银行，可以根据客户的需要提供定制的个性化产品，从而可以通过提高服务质量来吸引客户。

一、互联网金融服务的发展对我国商业银行的影响

自 1997 年以来，互联网金融服务在我国快速发展。国内部分商业银行先后推出了互联网金融服务。

尽管互联网金融服务在我国得到了一定程度的发展，但与西方发达国家相比，信息技术应用和互联网金融服务的发展层次还比较低，我们在这方面的认识和经验还远远不够。随着我国即将加入 WTO 和我国金融市场的逐步对外开放[②]，我国商业银行将面临前所未有的竞争压力。因此，大力发展互联网金融服务，最大限度地缩小与西方发达国家商业银行之间的差距，已成为国内商业银行面临的迫切任务。

互联网金融服务将对我国商业银行产生深刻的影响。(i)

① “当前”是针对成稿时间而言，下同。

② 成稿时我国尚未加入 WTO。

经营理念的改变，从前以银行为中心的服务供给制将逐步转变成以客户为中心的服务需求制，客户将真正成为银行的“上帝”，这无疑会促进银行服务质量的不断提高。(ii) 经营模式的变革，从前以扩展银行经营网点来扩展客户地域的经营模式正转变成通过网上银行来扩展客户地域的经营模式，国内大商业银行正面临小商业银行的激烈竞争。从某种意义上说，庞大的经营网点不仅没能成为竞争的优势，反而可能成为竞争的负担。国内银行业竞争的格局正发生着微妙的变化。(iii) 管理机制的变革。商业银行必须变革传统的内部管理机制和内部控制机制，才能适应互联网金融服务的新要求。(iv) 风险管理的新内容。互联网金融服务带来了与技术相关的风险，技术风险管理将成为商业银行风险管理的重要内容。(v) 综合型人才的需求。目前①，既懂技术又懂业务和管理的综合型人才的匮乏已成为各商业银行发展互联网金融服务的制约因素之一。

二、互联网金融服务的发展对中国人民银行的影响

针对信息技术在金融业中的广泛应用和互联网金融服务

① 书中“目前”是针对成稿时间而言，下文类似“目前”的时间表述，如近期、近日、至今、迄今为止、最近、近来等，均针对成稿时间而言，全书同（下文不再标注）。

在我国的快速发展，中国人民银行应当采取相应的对策。我们的宗旨是鼓励创新，避免限制性的政策或立法，为我国金融业创造良好的宏观环境，以提高我国金融业的整体竞争力。同时，又要积极防范新型的风险，特别是与技术相关的风险，对互联网金融服务施行科学的、有针对性的监管。

为促进互联网金融服务在我国的健康发展，中国人民银行作为我国的中央银行，应当做好以下几方面的工作：

1. 恰当实施网上银行业务的监管

目前，国内部分商业银行已经开通了网上银行服务，各行所提供的业务范围也有所不同。如何加强对网上银行业务的监管，已成为中国人民银行面临的紧迫任务。（i）要制定符合我国国情的市场准入规则；（ii）要逐步建立网上银行业务监管的政策和立法框架；（iii）要制定网上银行业务风险性监管框架。

必须正确认识网上银行业务中的风险。网上银行业务基于互联网这种开放式环境，具有不同于传统银行业务的风险特征。实际上，信息技术应用本身就是一把双刃剑，它在给银行带来效益的同时，也给银行造成了更大的潜在风险。因此，技术风险管理成为商业银行风险管理的基本内容，技术风险监管也成为中国人民银行风险性监管的重要内容。

2. 逐步确立网上支付机制，加强网上支付管理

正如后面我们将要指出的，网上支付是电子商务的重要组成部分，是传统支付系统的发展和创新，支付方式的变革离不开中国人民银行的支持。

一方面，我们要跟踪研究网上支付工具的创新，比如电子支票、网络现金等，探索其在我国的应用可行性与发展前景。另一方面，我们要逐步确立网上支付机制，规范网上支付系统建设，加强网上支付管理，积极防范与化解网上支付中潜在的风险，保障我国支付系统的安全，促进互联网金融服务和电子商务的健康、有序发展。

3. 互联网金融服务相关立法

互联网金融服务所面临的环境不同于传统的纸基环境，传统的金融立法框架显然已不能适应互联网金融服务的新要求。为保障互联网金融服务的健康发展，有必要制定或修订有关的金融立法或管理办法，比如有关数字签名的立法、有关电子票据有效性的立法、有关网上支付的立法和管理办法等。

4. 确立金融认证体系及其管理体制

为保证网上支付信息的机密性、完整性、真实性和不可否认性，保障网上支付和网上银行业务的安全，建立我国金融行业的认证体系是十分必要的。另外，银行作为信用中介，也特别适合担当电子商务环境中认证中心的角色。

中国人民银行联合工商银行等12家商业银行共同建设的金融认证中心（CFCA）已于2000年6月底投入运行，部分商业银行也自建了服务于网上银行系统的行内认证中心。必须尽快明确金融认证中心与商业银行行内中心的关系，确立我国金融行业认证体系及其管理体制，加强金融认证管理，制定金融认证管理办法，确保我国电子商务网上支付和网上银行业务的健康发展。

第二章　电子商务网上支付

一、网上支付基本概念

电子商务网上支付通常是指客户通过互联网向银行发送支付指令，并完成支付的行为过程。银行收到支付指令并经后台系统处理后，通过银行间支付系统（即传统支付系统）完成该笔支付的清算和结算。

1. 网上支付是电子商务的重要组成部分

广义电子商务概念是指通过互联网、以电子方式完成的业务，其中包括各种商务活动，比如网上交易。而网上交易必然涉及支付，因此网上支付构成了电子商务的重要组成部分。

网上支付是在互联网上进行的金融活动，安全性要求比较高，同时对银行后台系统的依赖性很强，因此，人们通常把网上支付看作电子商务发展的瓶颈之一。

2. 网上支付是传统支付系统的发展和创新

在网上支付模式中，客户可以在家中或办公室等任何地点、任何时间、以任何方式通过登录互联网来完成支付行为，而在传统的支付模式中，客户必须到银行柜台或通过专用网络终端（如ATM、POS等）发起支付。因此，从这种意义上说，网上支付是传统支付系统到客户端的延伸，是传统支付系统的发展和创新。

银行收到网上支付指令后，必须送到后台系统进行处理，并最终通过传统支付系统完成该笔支付的清算和结算。所以，传统支付系统是网上支付赖以完成的后台基础设施。

3. 支付方式的变革离不开中央银行的支持

电子商务网上支付给中央银行带来了新的课题。首先，不兼容的网上支付模式会阻碍电子商务的健康发展，因此，支付方式的革新必须依赖中央银行的支持。其次，网上支付与传统支付系统有着密切的关系，网上支付的安全性关系到传统支付系统的安全，而中国人民银行承担着维护我国支付系统正常运行的职责。最后，网上支付创新涉及一些制度、立法问题，这自然也离不开中央银行的参与。

二、电子支付回顾

电子支付是伴随着线路转账的建立而出现的。20 世纪 60 年代到 70 年代初期，私营网络技术促进了电子资金转账（EFT）系统的发展。电子资金转账系统缩短了银行之间支付指令传输的时间，减少了在途流动资金。

EFT 系统并没有改变支付系统的基本结构。在过去的 20 多年里，很多支付革新的目的就在于减少银行成本、加快支票清算速度以及减少欺诈等，客户很少与 EFT 系统交互。

目前，电子商务中的支付创新正试图改变客户处理支付的方式，即朝着实时传送、清算和结算的方向发展。网上支付系统在迅速地成长，比如银行卡网上支付、电子现金网上支付（网络现金）、电子支票等支付模式得到了一定程度的发展。

人们应该并且已经认识到，传统支付方法（例如纸基支票）用于实时支付是不够的。“实时”意味着当消费者点击浏览器上的“付款”键时发起并完成交易。对于实时支付来说，消费者通过 Web 浏览器传送支付指令给商户，商户把这些指令传送给银行。然后，银行验明个人身份并支付给商户资金。在对客户认证的基础上，商户传送给客户所购物品。

离线支付方式做了两个基本假设：交易双方会在某一时刻会面；支付过程存在足够的延迟，以发现欺诈、透支和其他需要验证的问题。而这些假设对于电子商务是无效的，因此要修改这些支付机制，以适应通过计算机网络完成交易的有效性。

三、网上支付模式简介

1. 银行卡网上支付

自20世纪60年代初，信用卡机制就已成为一种支付方法。信用卡的产生主要归功于20世纪50年代开始的金融创新。作为支付工具创新的成果，信用卡对金融的发展产生了重大的影响。两个主要的国际品牌Visa和MasterCard在全世界妇孺皆知。

1995年，Visa组织在全球共有会员机构近2万个，约1 300万个特约商户。Visa组织的授权系统（BASEI）和清算系统（BASEII）有力地支持了Visa卡的发展。1996年，全球流通的Visa卡达5亿多张，占全球发卡量的一半之多。

1995 年，MasterCard 组织在全球共有会员机构 22 000 多个、特约商户 1 270 多万个。MasterCard 组织的全球自动授权系统（INAS）和清算系统（INET）于 1984 年建立。1995 年底，全球流通的 MasterCard 卡已达 2.723 亿张。

更多的支付选择导致了不同的银行卡支付机制的发展，其中包括信用卡、借记卡、收费卡等。下面分别简要介绍邮寄订单/电话订单（MOTO）交易、非安全的网络支付、第一虚拟系统、CyberCash 和安全电子交易（SET）协议等。

（1）邮寄订单/电话订单（MOTO）交易

对于信用卡支付来说，信用卡公司有时允许通过邮寄或电话来完成订单。这些订单称为邮寄订单/电话订单（MOTO）。对于如何处理这些类型的交易，信用卡公司制定了一些特殊的规则。

通常要求持卡人提供更多的信息，比如姓名和地址，以用于验证其身份。如果所订购的物品需要进行物理的发送，那么必须将该物品发送到与卡相应的地址。这种做法有限地防止了伪造订单。由于没有持卡人的签名，所以本规则允许购买者退回任何交易，假如他们声称自己没有认可该笔交易的话。很明显，这种做法加大了商户承担的风险。

（2）非安全的网络支付

通过计算机网络完成信用卡支付而不具备任何安全措施，这与MOTO交易具有类似的风险。窃听网络通讯的攻击者可以截取信息，并获取信用卡细节以及相关的验证信息（比如姓名和地址）。由于信用卡号码的独特结构（具有嵌入的校验位），可以用程序对数据流进行扫描以发现这种格式。

由于完成交易的速度很快，从而使得风险比MOTO交易要大得多。如果商户以电子方式处理订单的话，那么在欺诈被发现之前，欺诈者可以生成很多的订单。

在互联网开始迅速发展的时期，由于缺乏被广泛接受的网络支付机制，人们只能利用这种方法来完成支付，尽管这种方法存在着很大的风险。一些购买者采用了简单的安全措施，比如清楚地说明信用卡号码，或者通过多条信息分开信用卡号码等。商户利用现行的POS清算系统，以MOTO交易同样的方式处理订单。

（3）第一虚拟（FV）系统

第一虚拟公司的FV系统是最早的互联网信用卡支付系统之一。1994年10月，该公司开始运行称为“虚拟PIN”的支付系统。其目标就是通过网络来销售低价值的信息产品，而无需专用的客户软件或硬件。

在进行交易之前，商户和购买者都需要在第一虚拟（FV）注册。第一虚拟服务器参与每笔交易，并把收款存入商户的银行账户。

购买者在注册时把其信用卡细节和电子邮件地址发送给FV，并接收一个密码（称为虚拟PIN）。该交换的初始部分可以通过网络来完成，即用户填写一张WWW表格并生成一个密码。FV认可后，对密码附加后缀以构成虚拟PIN。然后，购买者用电话通知FV其信用卡号码。这样，FV就可以建立虚拟PIN和信用卡之间的连接，而无需通过网络来传送信用卡号码。

商户必须进行类似的注册过程。商户向FV提供其银行细节，FV给商户一个虚拟PIN。传送银行细节的常规方法就是发送传统的支票（从商户银行账户支取）。FV自己从支票中提取所需的账户标识信息。一旦完成注册，商户就可以请求FV处理来自注册FV客户的交易。在扣除每笔交易费用后，利用传统的银行自动清算所（ACH）服务把资金存入到商户的银行账户中。

购买者利用FV进行购买的情况如下。购买者浏览FV的Web服务器或FV商户销售物品的Web服务器。购买者选择其希望购买的物品。这时，购买者需要输入其FV账户标识符（虚拟PIN），并送往商户。通过询问FV服务器，商户检查该账户标识符的有效性。可以用很多方法来完成这一点，比如人工询问或与FV服务器自动对话。如果虚拟PIN没有被列入黑名单，那么商户将通过电子邮件或WWW回应或其他方式把信息传送给购买者。

商户把包括购买者虚拟PIN在内的交易信息送往第一虚拟互联网支付系统服务器。当前还没有进行支付，因为系统基于“购前尝试”的原则。因此下一个步骤为，FV服务器给购买者发送电子邮件，以询问对信息是否满意。

对以上请求共有三种可能的回答：

- 接受：在这种情况下继续支付过程。

- 拒绝：指出没有收到物品，或者不愿对此进行支付。

- 欺诈：这意味着这些物品并非是购买者所订购的。收到此信息后，FV服务器将立即把该虚拟PIN列入黑名单。

每隔90天后，购买者在该期间内的所有花费均从其信用卡账户中支出。商户支票账户被贷记其出售物品所获得的收入。FV为购买者和商户记账，收取某个百分比作为佣金。

很明显，如果窃听者窃取网络通讯而使虚拟 PIN 受到损害的话，他便可以伪造购买，直到该虚拟 PIN 被列入黑名单为止。而支付授权请求是通过电子邮件发送给购买者的，该时间期间从几分钟到几个小时不等。

另外，可以利用偷盗信用卡来建立虚拟 PIN，而其相关的电子邮件地址则由攻击者控制。这样，进行伪造交易的时间期间会更长些。

如上所述，如果支付系统用于信息物品的话，欺诈通常不会很严重。如果欺诈已经发生的话，销售者会损失一笔销售，而不会引起太大的损失。从该系统第一年的运行情况看，欺诈率非常低。从信用卡公司的角度看，FV 担当了商户的角色：它们与收单行建立了联系；在利用 ACH 银行转账进行分发之前，所有交易的价值被贷记到其账户中。

FV 系统最大的优点就是简易性，因为它没有利用加密技术。组成协议的简单交换意味着在前端不需要特别的软件，后端软件也并不复杂。

FV 系统的最大缺点是：在商户或购买者使用该系统之前，他们必须提前注册，并拥有一个银行账户（对商户来说）或一张信用卡（对购买者来说）。然而，与信用卡收单行通常提出的要求相比，这里对商户并没有其他的限制。这一点使得该系统对于那些只具有有限营业额的商户来说更有吸引力。

（4）CyberCash

CyberCash 公司成立于 1994 年 8 月，主要为互联网上的安全金融交易提供软件和服务解决方案。CyberCash 的“安全互联网支付系统”使用了特殊的钱包软件，使得消费者能够利用信用卡在 CyberCash 会员商户处进行安全的购买。CyberCash 支付系统于 1995 年 4 月开始运行。商户利用该系统主要销售生活耐用品。

在 CyberCash 系统中，网关服务器与现行的金融基础设施相连。它一边与互联网相连，另一边与银行和银行卡交易处理器相连。在购买时，包括消费者信用卡细节在内的购买信息通过该网关进行传送。真正的信用卡购买在现行的银行卡网络中完成授权和获取。交易结果通过 CyberCash 网关返回商户。如果交易成功的话，商户将给消费者发送物品。CyberCash 既不是收单行，也不是发卡行，而是提供网关服务，为互联网和银行网络之间信息的安全传输提供工具。

像其他的信用卡支付系统一样，CyberCash 支付协议只与支付信息有关，而与其他的电子商务（比如购物）协议无关。

（5）安全电子交易（SET）协议

1995年10月，包括万事达、网景公司和IBM在内的联盟开始着手进行安全电子支付协议（SEPP）的开发。此前不久，Visa和微软组成的联盟也已经开始开发另外一种不同的网络支付规范，叫作安全交易技术（STT）。于是，两大信用卡组织万事达和Visa分别支持不同的网络支付解决方案。

这种局面并没有坚持太久。1996年1月，这些公司宣布它们将联合开发统一的系统，即安全电子交易（SET）协议。

1996年2月底，它们发布了两份文件，其中第一份文件给出了SET协议的业务描述，而第二份文件给出了更多的技术细节。其后经历了一段公众评论期。在此期间，感兴趣的各方对该规范进行了讨论，并指出了其中的不当之处。此后，发表了修改后的文件三“协议描述”，它定义了产品SET协议。

SET协议的适用范围是被严格限制的，它仅仅作为一种支付协议。在规范中已明确表明，其他各方可以开发涉及在线购物、价格协商、支付方式选择和其他电子商务功能的协议。仅仅在客户已经决定购买什么、支付多少金额，并且打算使用信用卡进行支付时，SET才发挥作用。

在传统的 MOTO（邮件订单/电话订单）信用卡交易中，持卡人把其细节发送给商户，然后商户与其收单行进行联系，以完成支付的清算。通过由信用卡组织运营的金融网络，收单行从发卡机构获得授权。这些网络已存在并具有自己的专用协议。使用中的、具有适当安全机制的专用连接和交易处理机等基础设施使得能够以电子方式来授权信用卡支付。在这种基础设施存在的前提下，SET 仅仅详细论述了客户和商户之间、商户和支付网关之间的对话。

在 SET 支付过程中，持卡人利用 SET 向商户发起一笔支付，然后，商户利用 SET 来获得该笔支付的授权。支付网关作为通向现行金融网络的外端，可以由收单行来运行，也可以是由几个收单行（或卡组织）共同运行的某服务机构。通过支付网关，可以与发卡行进行联系，以准确授权所发生的每笔交易。

SET 并不是一种通用的支付协议，而是限制在卡基支付或类似的应用中。它并不涉及从一方到另一方的资金转账，而是依赖现行的信用卡基础设施来完成支付。

SET 提供对消费者、商户和收单行的认证，确保交易数据的安全性、完整性和交易的不可否认性，特别是保证了不会将持卡人的信用卡号泄露给商户。

SET购物流程与传统的购物流程十分接近。通常，SET购物流程包括如下几个步骤：

（i）持卡人使用浏览器在商家的主页上查看商品目录。

（ii）持卡人选择想要购买的商品。

（iii）持卡人填写订单，包括商品名称、单价列表等。订单可以从商户服务器以电子形式发放，也可以通过电子购物软件在持卡人自己的机器上创建。

（iv）持卡人选择付款方式。当选择SET方式进行付款时，SET开始起作用。

（v）持卡人给商户发送一张完整的订单及要求付款的指令。在SET中，订单及付款指令由持卡人进行数字签名，同时利用双重签名技术来保证商户看不到持卡人的账号信息。

（vi）商户收到订单后，通过支付网关，获得持卡人银行的支付授权。

（vii）商户将订单确认信息通知持卡人。

（viii）持卡人终端软件记录交易日志。

（ix）到此为止，购买过程结束。以后，商户可在适当的时候请求收单行将此笔交易的款项从持卡人账户转账到商户账户。

SET 只是从步骤（iv）以后才起作用。SET 定义了这些步骤中使用的通讯协议、信息格式和数据类型等。

SET 使用公开密钥和私人密钥来保证信息的私密性。数据信息使用随机生成的对称密钥来加密，此密钥再用接收者的公开密钥进行加密。密钥的加密结果称作数字信封，它与加密信息一起传送给接收者。接到数字信封后，接收者用自己的私人密钥对获得的对称密钥进行解密，然后用该对称密钥打开原始数据信息。

SET 利用数字签名来确保信息的完整性和对方身份的认证。它使用公开密钥和私人密钥对产生数字签名。各 SET 参与方拥有两组非对称密钥对：一组用于数据加密、解密，一组用于数字签名及其验证。信息的发送者使用自己的私人密钥进行加密，接收者使用发送者的公开密钥验证信息确实来自发送者。

我们知道，可以利用公钥加密来解决发送者和接收者之间的对称密钥传送问题。但在安全链中还有一个重要问题：接收者如何去确认他们接收的公钥确实来自所声称的发送者呢？一种身份确认的机制叫作公钥认证，它由认证机构（有时也称作认证中心或证书管理机构）以数字方式签发。

发送者除了向接收者发送公钥外，还要发送证书。接收者收到证书后验证上面的签名。由于它是由接收者相信的认证机构签发的，所以，接收者可以确认发送者是所声称的一方。

2. 电子支票

电子支票可以满足个人和实体的需要，因为人们喜欢用信用或通过现金以外的其他机制进行支付。除了以下几点外，电子支票模仿纸基支票：它们以电子方式发起，利用数字签名进行签发和背书，要求利用数字证书来确认付款人、付款人银行和银行账户。电子支票的安全和确认等通过数字签名进行支持。

电子支票将促进新型的在线服务：允许新型的支付流(收款人可以在付款人银行验证资金的可用性)；通过各方(收款人和银行）自动的数字签名进行确认，在交易的每个步骤都提高了安全性；促进 EDI 电子订购和填单处理与支付的一体化。

电子支票通过直接传输（利用电话线）或公开网络（例如互联网）进行传送。电子支票支付（存入）由银行收集在一起，通过现行的银行渠道（如自动清算所网络）进行清算。现行银行基础设施与公开网络的一体化为银行、产业界和消费者依赖现行的支票处理能力提供了一条可实施和可接受的途径。

电子支票具有以下优点：

电子支票像传统支票那样进行运作，从而简化了客户教育。通过保留纸基支票的基本特征和弹性并增强其功能，人们能够容易地理解和采纳电子支票。

电子支票可以适用于清算微型支付。通过使用公开密钥证书，收款人、收款人银行和付款人银行可以确认支票。数字签名也将自动地进行验证。

电子支票可以服务于公司市场。厂商可以使用电子支票通过网络来完成支付，与当前的方案相比这将更加经济。另外，由于支票的内容可以附于交易方的汇款信息，从而电子支票将容易与 EDI 应用结合在一起。

对支票型支付系统的需求推动了对它的研究和开发，目前已存在多种电子支票系统。下面简要介绍其中的三种，即 FSTC 电子支票系统、Netbill 和 NetCheque。

（1）FSTC 电子支票

FSTC（金融服务技术联合会）成立于 1993 年，由美国的银行、研究机构和政府组织组成。FSTC 共有 60 多个成员，包括美洲银行、化学银行和花旗银行等。其目的是增强美国金融服务行业的竞争能力。

1995 年 9 月，FSTC 给出了一个示范性的电子支票概念。如纸基支票一样，电子支票包含了给付款人银行的一条指令，用来向收款人支付一笔指定数额的款项。由于这种支票是电子形式的，并且通过计算机网络来传送，从而给支票处理带来了更大的灵活性，同时也提供了一些新的服务，如可以立即验证资金的可用性、数字签名的确认增强了安全性、支票支付能够很容易地与电子订单和票据处理一体化等。

在 FSTC 电子支票概念中，包含如下几个过程：

（i）付款人在签发支票时，他需要提供的信息与使用纸基支票时所提供的信息一样多。除传统支票外，通过改变支票中所含的信息，可以得到不同类型的支票，如改变货币域信息可以生成旅行支票，使用银行数字签名可以生成保付支票等。

所有能够签发电子支票的个人需拥有基于某种安全硬件的电子支票簿设备。在 FSTC 结构中，“支票簿”是由电信设备（Telequip）公司生产的、被称作“智能辅币机”的安全硬件设备。该设备采用 PC 卡片的形式，并在卡片中内置了一个加密支持处理器。该设备的功能就是安全地存储密钥和证书信息，并保持最近签发或背书过的支票的记录。支票在某种安全信封中传送给收款人。这种信封将以安全电子邮件方式，或双方之间已加密过的交互对话方式进行传送。

（ii）收款人收到支票后，也将使用某种安全硬件设备对支票进行背书，然后把支票发送给收款人银行。

（iii）收款人银行收到支票后，将利用自动清算所（ACH）或电子支票呈送（ECP）方式清分支票。从这一点上来讲，其处理与当前纸基支票所经历的过程是完全相同的。

（iv）电子支票通过传统的ACH网络进行传送。相应地，资金从付款人银行账户转账到收款人银行账户。

（2）Netbill

Netbill是美国Carnegie Mellon大学开发的一种支付系统。该系统改善了低价值信息产品的买卖。

在该系统中，参与者包括客户、商户以及为他们保持账户的Netbill服务器。这些账户可与金融机构中的传统账户相连。客户Netbill账户可以从其银行转账来注入资金，而商户Netbill账户中的资金可以存入其银行账户。

当客户为选定的信息产品请求报价单时，Netbill 协议开始起作用；当收到对称密钥时，该协议终止。这种对称密钥将用于解开产品传递阶段所传送的加密产品。

当客户购买产品时，其 Netbill 账户被借记恰当的数额，同时商户账户被贷记该产品的价值。Netbill 可以保证，只有当客户成功地收到产品时，他才进行支付。

Netbill 通过与不同的客户/服务器对一体化的各种文库来提供对交易的支持。客户文库被称作“支票簿”，而服务器文库被称作“收款机”。“支票簿”文库和“收款机”文库分别依次与客户应用和商户应用进行通讯。两者之间所有的网络通讯均经过加密处理，以防止入侵者。

在启动 Netbill 协议之前，用户从服务器（例如 Web 服务器）上找出所需信息。Netbill 交易协议至少包括如下八个步骤。

步骤 1：客户向商户请求正式的报价单，Netbill 交易开始。交易协议中的一些条款考虑到了对标准列出价格的协商，以及批量购买贴现或大量购买贴现的协商等。

步骤 2：在收到报价单请求后，商户定出价格，并返回报价单。

步骤3：如果客户接受所报价格，他指示其支票簿向商户收款机发送购买请求。

这里可选的另一种方法是，在价格低于规定限额时，客户可以设置其支票簿自动地发送购买请求。

步骤4：当收到购买请求后，收款机从商户应用中取出产品。收款机使用某个一次性密钥来加密该产品，并计算出密码校验和，然后将该结果传送给客户支票簿。

步骤5：在收到密文信息后，支票簿验证校验和，从而能够确认它是否已经收到了完整的所需产品。支票簿向商户收款机送回一份经签名的电子支付订单（EPO）。

我们应该注意到，此时客户不能解密该产品，他也并没有向商户付款。在呈送EPO之前的任何时间，客户都可以取消该笔交易，不存在违背其意愿而完成该笔交易的危险。签名EPO的呈送意味着客户“不能后悔”。

步骤6：在收到EPO之后，收款机对其进行背书，并将背书后的EPO发送给Netbill服务器。

步骤7：Netbill服务器验证价格、校验和等符合规定后，借记客户账户恰当的数额。Netbill服务器记录该笔交易并保存该一次性密钥的拷贝。最后，它将包含赞同或拒绝信息的数字签发信息返还给商户。

步骤 8：商户应用 Netbill 服务器的回答，如果赞同的话，同时将解密密钥一起发送给客户支票簿。

在理想的情况下仅仅涉及以上 8 个步骤，这时 Netbill 服务器只与商户进行过一次通讯。在存在争执的情况下，客户可能会直接与 Netbill 服务器进行通讯。以上设计的目的就是把 Netbill 服务器上的负载保持在最低限度，从而保持合适的回应时间。

Netbill 的目的就是提供一种完全的支付系统，从价格协商到产品传送。然而，该系统缺乏支票的一般性，因为在该系统中，当支付发生时，一方必须担当商户的角色。

在基本方案中，一笔 Netbill 交易需要交换 8 条信息。使用 Netbill 时也可以有很多变化，例如，在进行价格协商、授予他人有限额的花费权限以及解决各种争执时，允许客户向商户隐瞒其身份。

在完成交易之前，都必须涉及 Netbill 服务器。在通讯方面，这是一种很大的开销，尤其当产品的价值很低时更是如此。该协议在设计上保证了将 Netbill 服务器和各参与方之间的通讯维持在最低程度上。尽管如此，Netbill 服务器仍是该方案之中明显的瓶颈。系统的顺利运作依赖于该中心服务器的连续可用性。由于没有一种容易的办法来分散负载，这意味着对该系统的参与方数目强加了一种上限，从而在本质上使得该系统并不是可扩展的。

（3）NetCheque

NetCheque 支付系统是南加州大学信息科学协会开发的一种支票型系统。NetCheque 包含 NetCheque 服务器（银行）的层次结构，提供了分布式清算账目服务，同时也允许用户在可信性、易接近性、可靠性等原则的基础上挑选其中意的银行。

NetCheque 系统利用 Kerberos 标签来产生数字签名，并对支票进行背书。NetCheque 包括支票金额、货币单位、日期、账户号码、收款人、客户签名以及商户和银行的背书等域。其中前五个域是明文，对于支票持有人来说是可读的。后两个域对于收票行来说是可验证的。

与 Netbill 一样，NetCheque 也是一种基于 Kerberos 应用的支票型系统。Kerberos 基于对称密钥加密，因此，它比基于公开密钥算法的方案具有更强的计算效率。具有层次结构的 NetCheque 服务器用来清算支票和结算行间账目。这种层次结构考虑了系统的扩展性。

NetCheque账户所有者可以签发电子支票，该账户也类似于传统的银行账户。像纸基支票一样，电子支票上包含了客户的签名。与纸基支票不同的是，电子支票在被用于支付之前，必须由商户对其进行背书。

3. 电子现金

真正创新的电子支付方法不仅需要再创信用卡和借记卡提供的方便性，也需要创造具有某些现金性质的电子现金形式。电子现金（也称为数字现金）把计算机化的方便性和比纸基现金更强的安全性及私密性结合在了一起。数字现金的多功能性开创了大量的新型市场和应用。电子现金试图代替纸基现金作为在线支付中的主要支付工具。

然而，在电子支付系统建立30多年之后，现金仍是最普遍的消费者支付工具。基于如下原因，现金保持了支付的主要形式：无需消费者对银行系统的信任、非现金交易的无效率清算和结算等。

在商业交易中普遍使用现金所隐含的这些原因说明，需要对购买过程再工程化。为了代替现金，电子支付系统需要具有某些类似现金的性质，而这是当前的信用卡和借记卡所缺少的。例如，现金是通用的，也即可以把它交给其他任何人。现金是法定货币，即收款人有义务接受它。现金是无记名工具，即拥有就是所有权。任何人可以拥有和使用现金，即使对于没有银行账户的人来说也是如此。另外，现金对接收方不造成任何风险。

任何电子现金系统必须包含一些共同的特征。特别地，电子现金必须具有如下四个性质：货币价值、互操作性、可恢复性以及安全性。

电子现金必须具有货币价值，它必须由现金（货币）、银行授权信用或银行签发的银行本票所支撑。当某个银行创造的电子现金被其他方接受时，必须进行对账而无任何问题。

电子现金必须可互操作，即可交换成其他的电子现金、纸基现金、物品或服务、银行账户存款、银行票据等。

电子现金必须可存储、可恢复。远程存储和恢复（例如通过电话线或个人通讯设备）使得用户可以从家中或办公室或在旅行中交换电子现金（从银行账户提取或存入银行账户）。现金可存储在远程计算机存储器中、智能卡中或其他易携带的标准或专用设备中。因为很容易在计算机中创造和存储伪造现金，把现金存储在不可修改的专用设备上是更为可取的方法。该设备应该具有合适的界面来简化身份确认（利用密码或其他方法），并具有显示器来查看卡的内容。

在其交换期间，电子现金应不易被拷贝或篡改。防止或发现电子现金的复制或重复花费是可能的。重复花费就像支票被银行退回一样，这尤其是一个难以处理的问题。如果交易涉及多个银行，防止双重花费尤其困难。基于该原因，大多数系统依赖于事后检查和惩罚。

目前，人们就创造电子现金支付方法已经进行了多种尝试。下面简要介绍几个曾经比较有影响的系统。

（1）Ecash

DigiCash 公司专门从事电子支付系统和电子现金的开发。其创始人 David Chaum 是该领域的先驱之一，被人称为“电子现金之父”。DigiCash 公司开发了能够提供安全性和私密性的几种支付方案，包括针对公开网络和私人网络的解决方案。Ecash 便是其中之一。

Ecash 是在互联网上应用的、完全匿名的安全电子现金。1994 年 10 月，在互联网上进行使用虚拟币种的 Ecash 试点。密苏里州圣路易斯市的马克吐温银行于 1995 年 10 月首先发行了具有真实货币价值（美元）的 Ecash。自此以后，其他几个银行和互联网服务提供商开始发行各种币种的 Ecash。

Ecash 是一种在线的软件解决方案，它提供了纸基现金具有的私密性，并具有公开网络所要求的附加安全性。Ecash 是完全匿名的，因为客户从银行提取“硬币”的方式使得银行无法知道这些硬币的序列号。这些硬币可以匿名地在商户处花费，即使银行和商户联合起来也无法确定花费者是谁。

（2）NetCash

NetCash 是南加州大学信息科学学院开发的、用于公开网络的一种在线电子现金系统。它包括分布式的货币服务器，用来铸造电子硬币并把它们发放给该系统的用户，并接受使用电子支票的支付。该系统是在线的，也就是说，在进行购买时应该把硬币传送给货币铸造服务器，以验证其有效性以及是否被花费过。尽管电子现金是可识别的，每个硬币具有唯一的序列号，但是存在一种交换机制来提供有限的匿名性。拥有有效硬币的任何人都可以匿名地与货币服务器交换新的硬币。

NetCash 是一种“宏支付”（macropayment）系统，适于销售耐用品、信息或其他网络服务。用户可以完成支付和接受支付。它是一种软件解决方案，不要求特别的硬件。所有参与方必须拥有自己的公开/私人密钥对。使用多个货币服务器可以实现系统的扩展性。

NetCash 提供了一种安全的、可合理升级的电子现金系统，可以实现有限的匿名性，并可对其进行控制。公开密钥加密体制的使用使其对计算敏感并造成延迟。另一个缺点是，为了在购买期间完成一笔金额精确的支付，必须从货币服务器获得各种不同面值的硬币。

（3）CyberCoin

CyberCoin 是一种现金型系统。1996 年底，CyberCash 公司将它运行于互联网之上。该系统的设计出于这样一种考虑：交易额太低，使用信用卡支付很不经济。

该系统与在线电子现金方案有相同之处。客户从 CyberCash 服务器购买 CyberCoin 现金，该笔费用从信用卡或银行账户中支付。CyberCoin 现金存储在 CyberCash 钱包的特定域中。当用户决定向商户支付时，他向商户发送支付信息，而商户要在 CyberCash 服务器上对此进行验证。如果交易成功的话，商户给客户运送物品。已经被验证的 CyberCoin 现金，随后由 CyberCash 服务器将它存入商户的银行账户中。CyberCash 钱包维护所完成交易的记录。尽管商户不知道消费者的身份，但 CyberCoin 系统并不是匿名的，因为 CyberCash 服务器具有每个用户交易的记录。

在 CyberCoin 服务中，电子硬币是一种很牵强的说法。它不像标识化的系统（如 Ecash）那样由电子硬币代表真实的硬币值。当客户购买 CyberCoin 时，在 CyberCoin 服务器中建立了一个账户。进行支付类似于授权某一金额从该账户转到商户的账户中。在随后的某一时间，通过银行网络，该值在 CyberCoin 账户和与服务器相连的金融机构之间进行传送。

（4） Mondex

像对待支票的情况那样，研究人员和银行界对电子现金所采用的方法截然不同。对于零售交易，银行界倾向于使用更复杂的支付卡来完成支付。目前已经开发出了几种方案。在这些方案中，需要在芯片中预先载入币值，然后可以在零售场合中花费。这些方案通常被称为“预付卡”，其中较为成功的一种就是 Mondex 电子现金卡。

Mondex 的概念是英国的西敏斯（NatWest）银行于 1990 年提出的。其技术是由一些安全硬件产品制造商开发的，其中包括日立公司。1992 年，在伦敦西敏斯集团的 6 000 名员工中进行了试点。随后于 1995 年 7 月，在伦敦附近具有 190 000名居民的 Swindon 镇进行了公众试点。1996 年 7 月，“Mondex 国际”成立，以通过在世界各地的很多试点来提高其技术。

Mondex 支付方案依赖于芯片卡的使用。该芯片卡具有 RAM、ROM、EPROM 以及串行通讯控制器，以与外界进行会话。Mondex 支付方案的控制程序是在该微控制器的 ROM 中实现的。利用专门的（秘密）芯片之间的协议，可以将币值从一张 Mondex 芯片转移到另一张之中。

为了完成币值转移，可以使用一些 Mondex 支持设备。利用 Mondex ATM 或特定的电话与银行联系，卡片可以进行初始装载。这些访问设备并不需要知道芯片之间的协议是如何工作的，而是包括一个界面设备（IFD）。IFD 包括一个控制处理器，以传递卡片和银行之间的对话。在银行，需要安装称为“Mondex 币值箱”的某种形式的货币保险箱。这是一种硬件设备，可以拥有大量的 Mondex 卡。作为币值存储店，它可以完成与所发卡片的对话。出入币值箱的转移由称为“币值控制和管理系统”的软件系统进行监控，然后，所发生的变化将反映在持卡人的银行账户中。

把 Mondex 卡片插入 ATM（或特定的电话）后，在 ATM 设备的控制下，完成 IFD 与卡片之间的对话。然后，Mondex IFD 与银行建立对话。一旦建立了持卡人账户号码，并且卡片身份得到确认，通过芯片之间的协议，币值就从银行币值箱的卡片中转移到目标卡片的芯片中。币值控制和管理系统将通知银行账户系统借记持卡人银行账户相同的金额。

花费过程是类似的。零售商配备了称为“币值转移终端”的设备。它包括一个IFD设备，以完成消费者卡片和零售商卡片之间的币值转移。没有必要与银行进行在线对话来验证该币值的转移。在随后的某一时间，零售商可以与银行联系，把币值转移到银行的币值箱中，同时贷记其银行账户。

也可以使用其他的设备来支持卡片的使用。持卡人可以使用读卡器来阅读其卡片中所存储的币值金额。一种计算器大小的更为复杂的设备允许个人把币值从一张卡片转移到另一张卡片中。利用PC上的卡片设备，Mondex卡可以用于基于互联网的支付或货币转移。

卡片中包括一个钱包记事本，它记录了该卡最近所参与的交易（比如10笔）。零售商硬件设备保留了最近交易的记录（比如300笔）。这限制了系统的匿名性。对有些卡片用户来说，这被视为一种缺陷。卡片发放者定期获取交易信息，以建立所发生的交易的统计样本。可以利用这种措施来及早发现系统中的欺诈。

如果卡片丢失，存储于卡片中的币值是无法恢复的。然而，可以“锁上”卡片，如果不通过卡片界面设备输入PIN，币值就无法进行转移。如果发现该卡片，银行可以读出卡片的ID，从而可以找到其拥有者。

每张卡片中都具有两种可用的不同安全机制，一种是

“活性”的，另一种是“休眠”的。卡片会定期唤醒休眠系统。随着时间的推移，以该休眠系统作为新的活性系统的新卡会携带另一种新的休眠系统。利用这种方法，Mondex 安全系统可以不断地更新，而无需改变任何界面设备。

（5）EMV 现金卡

自 1994 年以来，由 Europay、MasterCard 和 Visa 组成的联合会 EMV 致力于制定 IC 卡、读卡终端和卡片应用的通用规范。1996 年 6 月，EMV 发表了具有三卷的规范，分别定义了卡片和终端的物理和电子特征、多应用读卡终端的结构、处理贷记/借记交易的应用规范。对电子钱包应用没有制定通用的规范。

Europay 国际首先发行了储值卡，称为“CLIP”卡。该卡可以进行重载，可以处理多种货币。该应用于 1996 年 6 月在西班牙的 Seville 进行实验。

Visa 国际将使用遵循 EMV 规范的卡片作为其 VisaCash 电子钱包的基础。这些卡片首先于 1996 年的亚特兰大奥运会上进行公众试点。随后在世界很多地方进行了试点。

MasterCard 国际把称为 MasterCash 的电子钱包推向市场。MasterCash 基于 EMV 安全硬件。MasterCard 与 Visa 进行合

作，使得 MasterCash 和 VisaCash 可以运行于相同的硬件之上。

各组织实现电子钱包的方法不尽相同。在今后的一段时期内，在该领域中达成共识将是非常困难的。

4. 微型支付

在现金、支票和银行卡这些传统的支付工具中，现金最适合于低价值的交易。尽管现金是通用的，但是它也具有局限性，即交易不能低于最小面值硬币（比如 1 分）的价值。一大类物品和服务在这一点上形成了问题，比如获取股票市场上某个股票的当前报价、对数据库服务的单笔询问等。在传统商务中，解决该问题的方法就是采用支付的“预订模式”，即购买者提前支付并在某固定期间内使用产品或服务。尽管这种做法保证了内容提供商可以为所提供的服务获得支付，但是在很多情况下这排除了很大的用户群，因为这些人只希望十分偶然地使用该服务。这也限制了人们对该项服务进行尝试的可能性。

可以明显地看出，预订模式并没能很好地解决上述问题。因此需要有一种支付系统，它可以在单笔交易中有效地转移很小的金额（可能低于 1 分）。这意味着通讯量（它本身也花费金钱）必须保持在绝对低的程度。如果传送支付的成本比支付本身还要高，这样的支付系统就不可能成功。在以往讨论的很多支付系统中，商户与代表支付系统提供者的网络服务器进行实时对话，以验证每笔支付的有效性，或者检查资金的可用性，或者完成支付。这说明每笔交易具有很高的系统开销，而在微型支付系统的设计中必须减少这种开销。

交易的低价值也意味着在每笔交易中获取的利润是很少的。在这种条件下，为了使得服务器能够生存下去，它必须能够高速地处理交易。这意味着另外一个要求，即微型支付系统必须便宜地完成支付的验证。如果服务器花费相当多的时间去完成公开密钥加密或解密的话，那么其吞吐量（以交易数度量）就不会太大。因此，成功的微型支付系统不能涉及在计算上很花费的加密技术。

以往讨论的电子支付方法都参照了现行的传统支付工具的性质。然而微型支付在传统商务中是不可行的，其引入开创了很多新的业务领域。人们可以想象，网络用户可以为查阅在线百科全书、从慢转唱片中购买单个歌曲、从日报中订购业务版面等进行支付。下面简要介绍几种这样的系统，即 Milicent、PayWord 和 MicroMint。

（1） Milicent

Milicent 是数字设备公司（DEC）开发的一种分散化的微

型支付机制，能够完成诸如0.1分这样低价值的支付。Milicent支付可以在销售商站点有效地完成验证，而无需与第三方进行联系。这种分布式方法不需要额外的通讯、花费很大的公开密钥加密或离线处理，从而能够为重复性的小额支付进行有效的扩展。

Milicent系统使用某种形式的电子货币，称为“临时货币”。可以把临时货币看作钱包中的零钱，能够快速和有效地验证其有效性。如果某人意外地丢失了一点零钱，这不会造成太大的问题。协议安全性设计使得欺诈的成本比购买的价值还要高。使用快速的对称加密，从而协议是便捷和安全的。

Milicent是一种有效、便捷、灵活的微型支付系统，可以支持多个经纪人和销售商，也可以进行扩展而用于多项应用之中。Milicent极大地降低了在短时间内多次访问同一销售商的通讯。Milicent在1997年夏天进行了公众试点。

（2）PayWord

PayWord是一种基于信用的微型支付方案，由Ron Rivest（美国马萨诸塞州MIT计算机科学实验室）和Adi Shamir（以色列瑞河沃特市韦斯曼科学学院）设计。该方案的目的在于，通过使用较快的散列函数，减少单笔支付中所要求的公开密钥操作的次数。与在很多宏支付机制中使用的较慢的公开密钥加密体制相比，快速散列函数和对称密钥加密体制更适于微型支付，因为对于微型支付来说，速度是最重要的。

PayWord 使用“散列值链”来表示用户在系统内的信用。每个散列值称为一个“支付字”，作为支付送往商户。“支付字”链是销售商特定的，用户以数字方式签发来承诺兑现该链的支付。

作为用户和销售商中介的经纪人为两者保持账户。他们通过发放 PayWord 证书替用户担保，允许用户生成“支付字”。他们为销售商兑现已花费的“支付字”，把已花费的金额从用户账户转账到销售商账户中。销售商和用户不必在同一经纪人处开设账户。

与其他宏支付机制相比，PayWord 放松了安全性要求以提高效率。尽管欺诈是可能的，但是，持续滥用系统的各方将被发现并从系统中清除出去。

PayWord 将支付交易的通讯成本降到最低。与 Milicent 系统不同，对于一笔新的销售商支付，PayWord 不必与经纪人进行联系。然而，与 Milicent 相比，PayWord 的信用机制给用户欺诈提供了更多的机会，特别是当用户的私人密钥受损的时候。

（3）MicroMint

MicroMint 是开发了 PayWord 系统的 Ron Rivest 和 Adi Shamir 所设计的第二个微型支付系统。它基于可识别的电子现金形式，并不要求使用公开密钥加密体制。MicroMint 硬币可在任何销售商处花费，在购买时不必与银行或经纪人联系以完成确认。

MicroMint 提供的安全级别低于 PayWord 系统，但是，它对于完成微型支付更加有效。尽管一些小规模的欺诈是可能的，但是，大规模的欺诈在计算上十分困难。

与其他一些宏支付机制不同，针对不同的销售商，MicroMint 用于小额支付是最优的。它给出了适于微型支付的可识别的电子现金形式。MicroMint 并不要求公开密钥加密体制，因而双重花费是可能的。

四、我国传统支付系统

1. 概况

（1）法律概况

根据 1995 年《中华人民共和国中国人民银行法》，中国人民银行作为我国的中央银行，具有三大职能，即制定和实施货币政策，执行金融监管和提供支付结算服务。

中国人民银行在支付体系中的法律职责规定为：组织或者协助组织金融机构相互之间的清算系统，协调金融机构相互之间的清算事项，提供清算服务，维护支付、清算系统的正常运行。

1995 年《中华人民共和国商业银行法》规定商业银行要及时办理支付结算服务。中国人民银行有权依法对结算情况进行检查和监督。商业银行应当提供财务会计资料、业务合同和有关经营管理方面的其他信息。

1988 年《现金管理暂行条例》规定了库存现金限额和现金使用范围。

《票据法》对中国的主要信用工具——汇票、本票和支票的出票、背书、承兑、保证、付款等行为作出具体规定，并确定了票据活动当事人的权利、义务以及违犯《票据法》规定时所承担的法律责任。

除了适用于全国的法律、法规以外，还有为特定部门制定的一些规章制度。1993 年《邮政汇兑资金清算办法》对邮政汇兑资金的银行账户的开设和使用、现金的收款和兑付，以及邮政汇兑资金的清算等，都作出了具体规定。

1994 年《银行账户管理办法》对账户的设置和开户条件等作出了规定。存款账户分为基本存款账户、一般存款账户、临时存款账户和专用存款账户。除了专用存款账户以外，其余三个账户均可以办理转账结算。存款人在其账户内应保持有足够的资金以保证支付。银行应依法为存款人保密，维护存款人资金自主支配权，不代任何单位和个人查询、冻结、扣划存款人账户内存款。国家法律规定和国务院授权中国人民银行总行的监督项目除外。

1996 年《信用卡业务管理办法》规定了信用卡的业务管理规则、信用卡的使用和销毁，以及法律责任等。

（2）提供支付服务的金融中介机构

中国人民银行和商业银行是支付服务的主要提供者。银行体系包括四大国有商业银行、十几家股份制商业银行、几十家城市商业银行、数目众多的城市信用合作社和农村信用合作社、合资银行以及外资银行的分行和办事机构等。三家政策性银行也提供某些支付服务。

四大国有商业银行各自建立了系统内的电子资金汇兑系统，大多数异地支付交易是通过这些系统进行清算的。

中国人民银行运行着三个跨行支付系统，即2 000多家同城清算所、全国手工联行系统和全国电子联行系统。中国人民银行运行的支付系统主要处理跨行（包括同城和异地）支付交易等。

另外，《中华人民共和国邮政法实施细则》第22条明确规定：邮政储蓄和邮政汇兑业务是金融服务。由于邮政储蓄局服务网覆盖广和着重为普通个人提供服务，所以它在零售支付服务方面起着十分重要的作用。

目前，银行卡总中心和18家城市银行卡公司运行着城市银行卡信息交换系统。国家银行卡授权系统包括全国和城市跨行银行卡信息交换系统以及各商业银行内的银行卡授信系统。

2. 我国银行间支付系统

随着两层结构银行体制的建立，中国支付系统也从保存计划经济活动的财务记录的手段改造成为与市场经济相适应的支付系统。从概念上讲，中国目前的支付系统可以分为全国手工联行系统、全国电子联行系统、同城清算所、全国电子资金汇兑系统（指四大国有商业银行的行内系统）、银行卡系统、邮政汇兑系统等。

（1）全国电子联行系统

电子联行系统是中国人民银行在支付系统现代化建设中的第一次尝试，其主要设计思想是要克服由于纸票据传递迟缓和清算流程过分烦琐造成的大量在途资金，从而加速资金周转，减少支付风险。

电子联行系统采用VSAT卫星通讯技术，在位于北京的全国总中心主站和各地中国人民银行分/支行的小站之间传递支付指令。

全国电子联行系统是一个分散式处理系统，所有账务活动（账户的贷记和借记）都发生在中国人民银行分/支行，即发报行和收报行，全国总中心主要作为报文信息交换站。

全国电子联行系统的设计是针对当时中国通讯设施的特殊情况，采用了VSAT卫星通讯技术，建立了中国人民银行专用的卫星通讯网，通过卫星通讯链路联结各分/支行卫星通讯小站的基于PC机的处理系统。

（2）全国手工联行系统

中国人民银行和四大国有商业银行都曾有自己的全国手工联行系统。尽管存在着某些差别，各商业银行行内手工联行系统的基本框架是相同的。

1996 年底以后，四大国有商业银行以全国电子资金汇兑系统代替了原来的手工联行系统。

（3）同城清算所

全国共有 2 000 多家同城清算所，分布在中心城市和县城/镇。全部同城跨行支付交易和大部分同城行内支付业务都经由同城清算所在商业银行之间进行跨行清算后，再交行内系统进行异地处理。

中国人民银行分/支行拥有和运行当地的同城清算所，对清算所成员进行监管和提供结算服务。票据在成员之间进行交换，每一成员根据提交和收到的全部贷记和借记支付交易计算出自己的净额结算金额。

通常，参与行把事先清分好的票据提交到清算所。随着支付业务量的增加，许多清算所利用计算机进行轧差处理。在一些大城市，已安装了票据清分机，以提高纸票据处理速度。许多城市已经在计划采用通讯网络交换支付信息。

（4）商业银行电子资金汇兑系统

自 1996 年底，四大国有商业银行用电子资金汇兑系统取代了原来的手工联行系统。大部分异地支付业务都是由电子资金汇兑系统处理的。

各商业银行的电子资金汇兑系统具有大致相同的框架结构，业务处理流程也基本相同。与原来的手工联行相比，电子支付指令经各级处理中心进行交换，取代了在发起行和接收行之间直接交换纸票据，因而支付清算速度大大加快。

（5）银行卡系统

改革开放以来，银行卡在我国经历了引进、开拓、联合发展的成长历程。1994 年，“金卡工程”建设启动，先后在北京、上海、广州等 18 个城市建立了银行卡信息交换中心，并于 1997 年建立了全国银行卡信息交换总中心。目前，城市中心初步完成与总中心的联网，基本实现了这些城市内和相互间银行卡的联网通用。各商业银行也先后建立了系统内银行卡处理系统，并基本完成联网工作，目前正抓紧开展与总中心的联网和异地、跨行业务开放工作。随着各商业银行、各城市中心与总中心系统联网工作的逐步完成，我国银行卡跨行信息交换网络已初步形成。

按照 2001 年全国银行卡工作会议制定的工作目标，2001 年年底前首先实现省会及计划单列城市银行卡的联网通用，并在北京、上海、广州、杭州和深圳五个城市推出“银联”标识卡，今后 2 至 3 年内全面实现各类银行卡在省会城市和地市级以上城市的跨行、跨地区的联网通用。

到2001 年6 月底，全国共有55 家金融机构开办了银行卡业务，其中：国有独资商业银行4 家、股份制商业银行10 家、邮政储汇局1 家、城市商业银行29 家、农村信用联社11 家；发卡总量3.3 亿张，银行卡账户人民币存款余额3 742 亿元，1—6 月交易总额达48 532 亿元，全国受理银行卡的银行网点12.9 万个，受理银行卡的商店、宾馆、饭店等特约商户约10 万户。各金融机构共安装ATM 4.9 万台、POS 33.4 万台。银行卡正逐步成为各商业银行零售业务的主要产品，成为广大消费者日常生活中不可或缺的支付工具。

第三章　网上银行

一、网上银行概述

1. 网上银行基本概念

网上银行业务是指银行通过互联网向客户提供的金融服务。更通俗地讲，网上银行就是银行在互联网上设立的虚拟银行柜台，传统的银行服务不再通过物理的银行分支机构来提供，而是借助技术手段通过互联网来实现。

2. 网上银行的特点

网上银行业务是一种全新的服务模式。我们从以下三个方面剖析其特点。

（1）从实现方式来看

通俗地讲，网上银行是银行在互联网上开设的虚拟银行柜台。客户通过计算机在网上登录银行站点，就可以获得银行提供的金融服务。银行和客户之间是通过互联网相联系的，他们并未见面，因此存在着相互确认身份的问题；金融交易信息在互联网上传输，必须保护其机密性和完整性；网上交易也不能像传统柜台操作那样通过客户“签名”来完成支付指令的确认和不可否认。所有这些都必须依赖技术手段（比如加密、认证、数字签名等）来提供支持。因此，网上银行像网上交易一样，是电子商务环境区别于传统物理环境的全新服务模式和运行模式。

（2）从银行的角度来看

电子商务对银行业产生了深远的影响，许多银行都在重新评估其成本和利润结构。在电子商务环境中，技术创新是控制成本的主要手段。银行将更多地依赖技术手段来降低其经营成本，同时提供令客户满意的服务。

信息技术的发展促进了网上银行等金融创新，改变了银行与客户之间的行为方式，促进了业务模式和银行经营理念的根本性变革。银行无需设立分行，通过网上银行就可以扩展客户地域，有效地降低银行的经营成本。服务方式的变革不仅给客户带来了便利，而且可以根据客户的需要提供定制的个性化的产品，大大提高了服务的质量。网上银行成为争取客户的战略性工具，同时也是实现交叉销售的有效工具。

网上银行是银行在互联网上开设的门面，代表了银行自身的形象。银行不仅可以通过网上银行服务来推销自己（通过广告和信息发布等手段），而且还可以获得品牌效应，提高银行的知名度和扩大影响。网上银行服务有助于银行在电子商务环境中的竞争，从而可以使银行抢占更多的未来市场中的份额。

从另一方面来说，网上银行业务给银行带来了新形式的风险（特别是与技术相关的风险），加大了银行进行风险管理和内部管理的难度。银行经营理念的改变也要有一个较长的过程。在网络经济环境中，银行将面临着市场的重新划分，面临着更大的竞争压力。

（3）从客户的角度来看

网上银行没有时间和地域的限制，突破了银行的传统业务模式。无论在任何时间和任何地方，客户都可以通过互联网来获得银行的网上银行服务。网上银行的发展顺应了客户在网络时代的需求。

在向客户提供方便、高可用性的银行服务的同时，网上银行还向客户提供更高质量的银行服务，比如定制的个性化的产品、更多的服务内容、更加快捷的服务等。

另一方面，客户对网上银行服务的安全性、隐私保护等存有忧虑。这些问题将成为制约网上银行业务健康发展的关键。网上银行业务的高技术含量加大了客户进行学习的必要性，也加大了客户学习的难度。

3. 网上银行的业务种类

网上银行系统实现的业务可以概括如下：

（1）公共信息服务

（i）银行简介

（ii）银行网点、ATM、特约商户介绍

（iii）银行业务、服务项目介绍

（iv）存款、贷款利率查询

（v）外汇牌价查询

（vi）国债行情查询

（vii）各类申请资料（贷款、信用卡申请）

（viii）投资、理财咨询使用说明

（2）客户交流服务

（i）客户意见反馈

（ii）客户投诉处理

（iii）客户问题解答

（3）账务查询服务

（i）企业集团对公业务查询服务

（ii）支票汇票查询

（iii）个人卡业务查询服务

（iv）个人储蓄业务查询

（4）银行交易服务

（i）企业集团转账业务

（ii）个人理财业务

（iii）卡转账业务

（iv）外汇交易业务

（v）个人小额抵押贷款

（vi）代收费业务

（5）账务状态管理服务

（i）修改密码

（ii）挂失银行卡、存折

（iii）挂失支票

二、网上银行业务风险及其管理

网上银行业务的开展离不开技术手段的支持和应用，因此，网上银行业务给银行带来了各种各样的与技术相关的风险，特别是操作风险、战略风险、信誉风险和法律风险等。银行应该建立恰当的风险管理程序，来识别、管理和监控相关的风险。技术相关风险的管理过程应该包含三个基本要素：为技术的使用制订计划、决定如何实施这项技术、评估和监控所承担的风险。无论银行的大小，这三个要素对于管理技术相关的风险都是至关重要的。

1. 网上银行业务的相关风险

（1）操作风险

操作风险可能源于系统的可靠性或完整性严重不足，也可能源于客户的误操作或系统设计、实施中的缺陷。银行对安全性的考虑是首要的。

（i）安全性风险。网上银行系统可能会受到外部或内部的攻击，因此，系统的安全性是第一位的。网上银行系统的访问控制、银行监管措施、所依赖的认证机构的可靠性、与外部的通讯等，都会造成安全性风险。比如，不完善的访问控制使得黑客可以通过互联网成功地攻击银行的系统，从而可以访问、获取和使用机密的信息。

与外部攻击相比，内部攻击将潜在更大的安全性风险。因此，银行制定一套有效的内部管理机制是十分必要的。

网上银行系统的运作可能依赖于某认证机构（该银行自建的认证机构，或第三方认证机构），其可靠性是网上银行系统安全性的前提。因此，要对该认证机构进行有效的审查和管理。

（ii）系统设计、实施和维护方面的风险。系统设计或实施上的不完善、对外部服务提供商的依赖等都将给银行带来操作风险。信息技术的快速发展也会给银行造成网上银行系统过时的风险。

（iii）客户误操作风险。与传统的银行服务一样，客户误用是操作风险的另一根源。如果银行没能就安全预防问题向客户进行足够的宣传和教育，这种风险就会增加。

（iv）银行内部组织与管理风险。网上银行业务改变了银行传统的业务模式，因此，银行必须对内部组织和管理方式进行变革，这给银行造成了很大的操作风险。银行也必须针对网上银行业务制定一套有效的、严格的内控机制，最大可能地降低内部攻击的风险。

（2）战略风险

如果网上银行业务的决策和实施与该银行的总体业务目标不一致，这将给银行造成战略风险。当银行管理部门不能恰当地规划、管理和监控网上银行业务的性能时，技术的应用将会产生操作风险。

为了控制战略风险，银行应该考虑其总体业务环境，其中包括高级管理部门与技术职员的知识和技能、可用的资源、对技术的理解和支持能力、网上银行系统的预期生命周期等。

（3）信誉风险

信誉风险是指负面的公众舆论而导致资金或客户流失的风险。产生信誉风险的因素很多，比如公众对网上银行运行情况产生负面的印象而损害了银行与客户之间的关系，网上银行系统的安全性出现问题而损害了客户对银行的信心，客户在网上银行服务中碰到了问题而银行没能给出恰当的问题解决程序，第三方欺诈，等等。其他风险（特别是操作风险）的增加也将直接导致信誉风险的增加。

信誉风险不仅对该银行而且对整个银行系统都是十分重要的。比如，如果某家银行的网上银行系统遭受了严重的信誉损害，那么人们就会认为其他银行的网上银行系统也可能存在类似的问题。

（4）法律风险

法律风险是指违反或不遵守有关的法律、法规，或者没能完善地约定各方在法律上的权利和义务而造成的风险。目前，网上银行业务还处于起步阶段，电子商务的法律环境远未建立，银行必将面临各种形式的法律风险。

安全认证机制在网上银行业务中的应用必然依赖数字签名的法律有效性，而在我们国家，近期还很难出台所谓的“数字签名法”。这就给开展网上银行业务的银行造成了法律风险。另外，如果银行使用了自建的认证机构，认证机构本身也承担着相应的法律风险。

在消费者保护、客户信息披露、隐私权保护等诸多方面，从事网上银行业务的银行也面临着法律风险。

（5）其他风险

网上银行业务也会给银行带来传统的银行风险，比如信用风险、流动性风险、利率风险和市场风险等。尽管这些风险的类型并不是新的，但是引起风险的方式和对银行的影响强度可能是新的。比如，开展网上银行业务的银行可能通过非传统的渠道扩展信贷范围，而通过远程银行操作来确定信贷申请人的放款价值是不充分的，这将给银行造成更高的信用风险。

2. 风险管理

技术创新的快速发展改变着银行在网上银行业务中面临的风险特征和范围，加大了银行管理风险的难度。银行应该制定恰当的风险管理程序，以评估、控制和监控来自新业务的任何形式的风险，特别是与技术相关的风险。

（1）评估风险

评估风险是一个不断进行的过程，是管理和监控风险的前提，它通常包括如下三个步骤：识别风险、确定银行的风险承受能力、确定风险暴露是否在银行的承受能力之内。

网上银行业务所潜在的、与技术相关的风险及其快速变化的特征加大了银行识别风险的难度。如何正确地、及时地认识与技术相关的风险，这将是银行面临着的一大课题。

（2）管理和控制风险

在对风险进行评估之后，银行应该采取恰当的步骤来管理和控制风险。风险管理程序应该包括如下内容：实施安全策略与安全措施，系统的评估与升级，采取措施来控制和管理外包风险，信息披露和客户培训，制订应急计划等。

安全性依赖于银行是否针对内部运行、与外方之间的通讯制定并实施了恰当的安全策略和安全措施（通俗地讲，安全策略就是设定安全性的目标，安全措施就是实现这些目标的手段）。安全措施通常包括加密、认证机制、防火墙、病毒控制机制、雇员监管等。如果银行采用了自建的认证机构，银行也应该保证该认证机构的安全性，实施有效的风险管理程序。

（3）监控风险

监控是风险管理程序的一个重要方面，系统测试和审计是其中的两个要素。系统测试将有助于发现异常的活动模式，避免出现严重的系统故障或中断，而审计（包括内部审计和外部审计）为发现系统不足和减少风险提供了一种重要的、独立的控制机制。

三、网上银行业务监管

随着网上银行业务的快速发展，许多国家金融监管部门对网上银行业务监管日益重视。它们对网上银行业务监管相关问题进行研究，不少金融监管当局发布了网上银行业务审查程序或审计手册或指引等。比如，美国财政部储蓄监理署（OTS）于1997年6月发布了“对零售在线PC银行的声明”，美国联邦存款保险公司（FDIC）于1998年6月发布了“电子银行安全性与可靠性审查程序”，美国财政部货币监理署（OCC）于1998年8月发布了“技术风险管理：PC银行”，并于1999年10月发布了“网上银行审计员手册”（其中包含了网上银行审查程序）。在我国香港，金融管理局（HKMA）于2000年5月发布了“给虚拟银行发牌的准则”（注：HKMA于1997年7月成立了“网上银行研究小组”，以跟踪网上银行的发展，同时协助制定网上银行业务的相关政策和法规）。2000年7月19日，新加坡金融管理局（MAS）宣布了有关互联网银行的政策“网上银行声明”。2001年6月29日，中国人民银行发布了《网上银行业务管理暂行办法》。

目前，网上银行业务还处于发展的初期，各国金融监管部门对网上银行业务的监管基本上仍处于探索、认识阶段。

四、互联网金融服务在我国的发展情况

随着近几年电子商务在我国的迅速发展，国内部分商业银行在电子商务、网上银行方面开展了大量工作，现将有关情况简要介绍如下。

1. 中国工商银行有关情况

（1）网上银行发展概况

随着我国即将加入 WTO①，外资银行也将全面投入竞争。中国工商银行在网络银行方面不仅要面对国内诸家银行的竞争，还要面对来自国外的挑战。外资银行将不再以我们原来想象的广设分行、网点的方式与我们竞争，而是将其先进的服务营销品种和理念结合其经验丰富、技术先进的电子化手段，尤其以网络银行为代表来夺取市场、夺取客户。

为了适应市场的需要，中国工商银行成立了由总行行长牵头的网上银行领导小组，作为工商银行网上银行业务的领导部门，定期召开工作例会，负责协调各部门、各级行的工

① 成稿时我国尚未加入 WTO。

作，制订统一的发展规划，批准新项目的立项，确定发展网上银行业务的战略、目标、任务，对网上银行业务进行宏观管理。

工商银行网上银行系统从1998年8月开始开发，是一个覆盖全国近300个城市的大型综合型电子银行系统。目前，已开通B2B网站链接23个、B2C网站链接26个，拥有企业、个人用户共计38万户，2001年8月交易金额达352亿元。尤其是网上银行3.0版顺利投产后，登录和交易速度明显加快，系统的稳定性和可靠性得到很大提高，为工商银行网上银行业务发展奠定了坚实的基础。

（2）系统特点

（i）采用统一的入口和界面

工商银行网上银行的各地客户账务信息存放在各地的主机上，为了避免造成各地自行开发网上银行系统，客户界面不统一、网上业务发展不统一的局面，同时为了与正在推广的综合业务系统和南、北两个大中心的设计方案相一致，工商银行的网上银行和电子商务系统采用了总行提供入口和界面，同时维护所有客户信息，而联机交易通过各分行的前置机，依托遍布全国工行的三级网络，将交易请求送各分行主机进行业务处理的方式。

（ii）健全的内部柜员操作管理机制

工商银行网上银行内部管理系统，使用浏览器/服务器结构通过工行内网向全行提供内部管理的功能。系统内部从总行、省行到市行建立七级柜员制度，逐级管理。对于客户管理、柜员管理等重要功能，采用多重柜员审核的机制，保证这些操作不能被某一个柜员独立完成。同时，柜员在内部管理系统上所作的所有操作都记入柜员操作日志中，能够通过各种条件进行组合查询。

（iii）与中国人民银行 CA 认证系统的紧密结合

由于工商银行是联合建设中国金融认证中心（CFCA）的发起行之一，中国金融认证中心将是我国权威的 CA 认证中心，其提供的 Non－SET CA 证书和 SET－CA 证书将是我国网上银行、电子商务 CA 安全证书的应用标准。工商银行的网上银行子系统已经将中国人民银行 CA 的 Non－SET 证书中的企业高级证书作为工行网上银行的企业客户证书和商户证书，今年[①] 11 月将在全国推广。同时 SET 证书也将用于我们的 B2C 网上购物电子商务应用之中。

① “今年”是指成稿年份，下同。

（3）系统功能

中国工商银行网上银行系统主要分为企业网上业务子系统和个人网上业务子系统和内部管理子系统三部分。

（i）企业网上银行子系统

企业网上银行子系统目前能够支持所有的对公企业客户，即全国集团客户、省级集团客户、地市级集团客户和一般企业客户，能够为客户提供网上账务信息服务、资金划拨、网上 B2B 支付和批量支付等服务，使集团公司总部能对其分支机构的财务活动进行实时监控、随时获得其账户的动态情况，同时还能为客户提供网上 B2B 支付；在具体的客户服务方面也能提供集团账户总部主动收款、支付指令多级授权、支付指令批量提交、电子邮件发送账务信息、B2B 交易收费等。

工商银行为客户办理了网上银行开户之后，为客户发放以 IC 卡为存储介质的客户安全证书，客户安装了工商银行网上银行客户端安全代理后，可以通过互联网直接登录到工商银行的网上银行，登录时会提示客户插入 IC 卡和输入密码。工商银行安全认证系统在对客户证书进行认证之后，客户便可以登录到工商银行网上银行，从而可以进行交易。客户在提交支付（支付指令、B2B 支付和批量支付）时，系统会提示客户进行电子签名，以保证交易的唯一性和不可否认性；

并可以根据支付指令的付款限额支持多级授权，保证客户交易的安全。另外，客户还可以通过查询指令来跟踪指令的审批和执行情况。

- 账户信息业务

目前，系统能够为工商银行企业客户提供账户信息的网上在线查询、网上下载和电子邮件发送账务信息等服务，包括账户的昨日余额、当前余额、当日明细和历史明细。

- 支付指令业务

支付指令业务能够为客户提供集团、企业内部各分支机构之间的账务往来；同时也能提供集团、企业之间的账务往来；并且也支持集团、企业向他行账户进行付款；提交支付指令时需要进行电子签名，以保证交易的唯一性和不可否认性；并可以根据支付指令的付款限额支持多级授权，保证客户交易的安全。客户还可以通过查询指令来跟踪指令的审批和执行情况。

- B2B 网上支付

B2B 网上支付能够为客户提供网上 B2B 支付平台，客户与 B2B 商城签订好订单后，可以通过商城的一个链接直接登录工商银行网上银行进行 B2B 支付，提交支付指令时同样需要进行电子签名，以保证交易的唯一性和不可否认性；并可以根据支付指令的付款限额支持多级授权，保证客户交易的安全。客户还可以通过查询指令来跟踪指令的审批和执行情况。

- 批量支付业务

批量支付业务为企业客户提供批量付款（包括同城、异地及跨行转账业务）、代发工资、一付多收等批量支付功能。企业客户负责提供数据源，即按银行要求的格式生成数据文件，通过安全通道传送给银行，银行负责系统安全及业务处理，并将处理结果反馈给客户。目前批量支付为落地方式，由付款方所在分行完成支付处理。

由于通过互联网处理大批量的文件速度较慢且占用的网络及系统资源较多，特别是在目前全行只有总行一个站点的情况下，所以目前该功能主要面向 VIP 客户，只有赋予该权限并且具有任意转账权限的客户才能进行批量交易。客户上传批量文件时同样需要进行电子签名，以保证交易的唯一性和不可否认性；并可以根据批量提交的总金额支持多级授权，保证客户交易的安全。

客户还可以通过查询批量支付来跟踪指令的审批和执行情况。

（ii）个人网上业务子系统

个人业务子系统主要提供工商银行牡丹信用卡、牡丹灵通卡、本外币活期一本通客户账务管理、信息管理、网上支付等功能，是工商银行网上银行对个人客户服务的窗口。个人业务子系统设置了账户信息查询模块、人民币转账模块、外汇买卖模块、银证转账模块、账户管理模块、网上支付模块几部分。

- 账户信息查询业务

目前，系统能够提供对工商银行个人客户的牡丹卡、灵通卡、活期一本通的账户信息查询功能。能够查询牡丹卡、灵通卡的人民币余额，活期一本通的不同币种的钞、汇余额查询；提供牡丹卡、灵通卡、活期一本通在一段时间段内的历史明细数据的查询；下载包含牡丹卡、灵通卡、活期一本通一段时间段内的历史明细数据的文本文件；查询使用牡丹卡进行网上支付后的支付记录。

客户通过登录工商银行网上银行服务站点，通过选择查询余额、查询历史明细等功能选项，选取相应的账户和有关查询条件（如起始日期），进行相关账户的查询。系统的Web服务器接收到客户的查询请求，根据不同的查询请求和客户所在的地区将请求组成相应的交易请求包，经证书签名后送至该地区主机前的网上银行前置机，前置机判断签名是否合法，确定是否为真实可信的交易请求，然后将该交易请求送至分行主机，并经分行主机处理后将结果送回给网上银行 Web 服务器，并组成动态页面显示给客户。

- 人民币转账业务

系统能够提供个人客户本人的或与他人的牡丹卡、灵通卡之间的卡卡转账服务。系统在转账功能上严格控制了单笔转账最大限额和当日转账最大限额，使得客户的资金安全有了一定的保障。同时控制了牡丹单位卡的资金转入、转出权限，保证了企业资金的安全。在对他人转账时，系统要求客户两次输入转出账户，并输入转账所需的网上银行支付密码，在客户提交转账指令后，又避免了客户多次发送同一笔转账指令的情况。在转账成功后，客户可以马上查询本人账户余额，确认转账后的账户余额变动。

- 银证转账业务

系统提供牡丹信用卡和灵通卡客户在网上进行银证转账的功能，可以实现银转证、证转银、查询证券资金余额。银转证指的是客户可以将其在银行账户的资金转到其在证券公司的资金账户上。证转银指的是客户可以将其在证券公司的资金账户上的资金转到其在银行开立的资金账户。客户可以通过查询证券资金余额的功能实时查询其在证券资金账户余额。客户在转账之后，可以通过查询证券资金余额功能实时查询转账是否成功。要进行银证转账业务，客户必须首先在其所在的城市工商银行及券商处指定能够互转的银行账号和证券公司及资金账号，然后再到网点处开通网上银证业务。

- 外汇买卖业务

系统提供外币活期一本通即客户通过网上银行系统进行外汇买卖的功能。主要可以实现外汇即时买卖、外汇委托买卖、查询委托明细、查询外汇买卖历史明细、撤销委托等功能。

- 账户管理业务

系统提供个人客户对本人网上银行各种权限功能、客户信息的管理以及账户的挂失。客户可以冻结或解冻本人的某个账户的网上支付权限、更换本人的登录用的卡号、冻结某一个账户已有的网上银行权限（比如是否能够转账、是否能够买卖外汇、是否能够银证转账）等，并能通过银行的内部管理系统在银行柜面上进行同样的操作。

- B2C 网上支付

个人客户在申请开通网上支付功能后，能够使用本人的牡丹卡进行网上购物后的电子支付。通过账户管理功能，客户还能够随时选择使用哪一张信用卡用来进行网上支付。

客户在商户购物后，进入商户的收银台界面，在该界面上选择工商银行的链接，系统将该客户在商户处的购物信息包括订单号、订单金额等传送至工商银行网上支付交易服务器，工商银行根据客户与商户所在地，采用信用卡的本地授权交易或是异地索授权交易将请求送之相应的分行网上银行前置机，送大机处理后将结果实时反馈给商户。如果交易成功，系统还实时地将成功的信息加密签名后向商户发送，并由商户开发的程序接收。晚上，商户将接收到的成功交易信息生成对应的对账单文件，在登录工商银行网站后，将对账单文件上送银行方，并通过对账功能实时得知该日的订单信息是否与银行一致。银行在商户对账后立即进行清算，货款在 24 小时内即可到账。

(iii) 内部管理子系统

内部管理子系统是整个网上银行系统用来进行全行范围内的信息维护的管理界面，通过遍布全国的工商银行三级内网进行本地或异地的实时管理。系统内置总行、省行、市行三类七级柜员，实现纵向逐级管理、横向互相审核监督的管理机制。

● 柜员管理

系统在每一类主管柜员处设置柜员管理功能，提供柜员的增加、删除、修改、冻结等功能。每个操作都必须由一个柜员实施，由另一个柜员进行审核后方可成功。柜员的操作将记入柜员操作日志之中，以供日后监督之用。

● 客户管理

系统的客户管理功能提供对网上银行系统的个人客户、企业客户以及 B2C 和 B2B 的商户进行开户、信息维护、冻结/解冻等功能，重要操作必须由经办柜员操作，主办柜员审核方才生效。每一个相关的操作都将写入操作日志中，供日后监督之用。

● 事后监督

系统提供了详细的柜员操作日志，客户交易日志的查询功能，以供柜员管理监督。可以通过客户、柜员信息，交易、操作时间，交易、操作类型等各种条件进行组合查询。

● 系统设置

系统提供了从总行到市行的多级的系统参数设置。总行设置的系统参数（比如转账限额等）会影响全国网上银行系统，各地区自己设置的参数（比如外汇买卖最小限额等）会影响该地区的设置。通过系统设置功能，使网上银行系统对客户的服务做到各地区灵活性的配置。

（4）工商银行网上银行系统安全性设计

（i）建立公钥证书安全体系，保障应用级安全

建立了目前最为严密的1 024位证书认证、128位SSL加密的公钥证书安全体系，系统将保证下列安全要素：

- 客户身份认证

进入企业网上银行的客户必须持有银行签发的证书才能进行交易。证书存放在IC卡中，其公、私密钥长度为1 024位，利用证书来验证客户身份，以确保该客户为工商银行真正客户，防止非法用户的入侵。

对于个人网上银行，则通过发放特约商户证书和银行证书并采用128位SSL协议的方式，以确保商户、客户的网上银行密码及加密密钥在网上的加密传送，客户的每一笔交易都将按照机密性和完整性的要求记录，在降低客户操作烦琐度的前提下最大限度地确保了客户网上交易和支付安全。

- 信息的机密性、完整性

针对电子商务建立在互联网这个开放的网络环境上的特

点，保证商城、客户、银行三方交易信息的机密性及完整性将是银行的首要承诺。

企业网上银行通过128位的SSL通道保证商城给银行的交易信息、客户确认的支付信息以及银行给商城（包括收款方）的信息都是加密传输的，并且用信息摘要技术保证完整性校验。比如在B2B交易完成后，银行将发给商城及供贷方交易确认信息，每一笔信息都附有银行私钥签名后的信息摘要，商城只需持有银行的公钥证书就可以验证这笔信息的可靠性，确保是银行发出的正确信息。对于个人网上银行的支付系统，客户在付款成功后，银行将实时地把交易信息和银行自有信息发送给商户，商户每晚将这些信息组成对账单文件经加密签名后重新传送给银行方，经银行方对账程序自动对账后，将对账成功的交易信息反馈给商户，这样保证每笔交易经银行方和商户方双方确认，避免了黑客仿冒银行或商户进行交易的恶性行为。

- 可靠性及不可抵赖性

在无纸化的网络环境中，不可能再通过手写签名和印章进行交易的鉴别。因此，企业网上银行在客户确认的每一笔支付交易中，都会具有客户签署的电子签名。由于电子签名是由客户的私钥生成的，别人不可能仿制，因此可以作为每一笔交易的不可抵赖的凭据。

- 交易的审计

对于客户的每一笔交易，网上银行系统都会按照机密性和完整性的要求对其信息进行记录，以作为交易的审计备案。

- 企业网上业务转账交易的安全设计

为了降低网上交易的风险，企业网上业务的实时交易只限于账务信息的查询，而对于转账支付交易，则通过客户在网上提交指令，再由后台业务人员手工处理的方式，增加了后台业务人员的把关及系统自动加押、后台手工核押的第二道防护；同时客户在登录网上银行时需要安全证书，在提交支付（支付指令、B2B 支付和批量支付）时会提示客户进行电子签名，以保证交易的唯一性和不可否认性；并可以根据支付指令的付款限额支持多级授权，保证客户交易的安全；客户还可以随时通过查询指令来跟踪指令的审批和执行情况。

- 个人网上业务转账交易的安全性设计

对于个人客户发起的转账交易，要求客户两次输入转出账号，同时输入网上银行使用的支付密码（非登录密码），避免了客户由于失误造成的转账错误，也避免了他人冒用客户身份登录网上银行或客户未退出系统而被他人冒用的情况。

● 数据库内数据的加密存放

客户使用的密码都经过不可逆加密算法存放在数据库中，即使黑客侵入数据库系统，得到密码字段，也无法破译原密码。

（ii）利用多层授权机制，保障业务处理安全

企业客户在进行 B2B 等网上支付交易时，可根据金额大小选择是否需经过企业财务主管进行多层授权。企业客户（财务人员）与财务主管分别持有一个证书，超过限额的交易必须由企业主管持有其证书进行确认才能成交。每个企业客户的授权限额可由企业在开户时自行确定。

（iii）利用防火墙等技术，保障网络级安全

在整个系统的网络框架上，我们采取了以工商银行总行站点作为入口的方式，以便于系统安全的监控及总行的统一管理。在总行的入口处，共设立了两道防火墙及一个安全代理服务器以防止非法的入侵；此外，防火墙及安全代理服务器上都有完整的信息审计记录，再辅之以完善的人为监控，可以最大限度地保证网络级的安全。

（iv）建立动态安全监控系统，保障系统级安全

采用国际领先的网络安全产品建立工商银行站点的实时

监控系统和扫描系统。实时监控系统能够24小时监控到系统的所有服务活动，并能根据监控模板配置发出相应的反应。利用扫描系统分别在防火墙内部和外部有针对性地对服务器操作系统进行扫描，可以及时发现和补救系统安全漏洞。

（v）健全的内部柜员操作管理机制

网上银行内部管理系统使用浏览器/服务器结构，通过工商银行内网向全行提供内部管理的功能。系统内部从总行、省行到市行建立七级柜员制度，逐级管理。对于客户管理、柜员管理等重要功能，采用多重柜员审核的机制，保证这些操作不能被某一个柜员独立完成。同时，柜员在内部管理系统上所作的所有操作都记入柜员操作日志中，能够通过各种条件进行组合查询。

（vi）与CFCA认证系统的紧密结合

目前，我们的企业网上银行子系统已经将CFCA的Non－SET证书中的企业高级证书作为工商银行网上银行的企业客户证书和商户证书，并即将在全国推广；同时SET证书也将用于我们的B2C网上购物电子商务应用之中。

（5）与国内外技术及应用情况对照

近几年，网上银行在我国得到了较快的发展。尽管中国工商银行出于谨慎的考虑起步比较晚，但由于工商银行在国内业界的地位、雄厚的技术实力以及组织规划的有效性，后来居上，在安全性、电子商务支付、对企业客户资金的管理及实时划拨方面占有较大优势。

由于工商银行内部网络的成熟，网上银行系统是本着全行统一规划、统一管理、统一开发、统一宣传的原则而推出的，目前已经覆盖全国各主要城市及地区。因此，工商银行是首家为企业大客户提供同时管理全国各个城市账务情况服务功能的银行。从业务推广面上来说，工商银行在国内银行中居于领先地位。

在电子商务方面，工商银行是首家推出 B2B 在线支付业务的银行，解决了国内 B2B 支付领域的空白。在 B2C 支付方面，工商银行首家结合 SSL 及 SET 协议，以不同安全等级的方式为客户提供网上购物的支付服务，其中 SSL 方式的 B2C 支付平台实现了增强性 SSL，在客户、商户、银行三方间采用 128 位 SSL 加密，并且交易信息加密后自动返还商户，和商户批量对账，支持当日、隔日全额或部分退货等功能。可以确定，工商银行的支付平台在国内 B2C 支付领域是最安全可靠和功能最全的。

1999 年，工商银行先后推出了具有划时代意义的“新资金汇划清算系统”和“新一代综合业务处理系统”，这两大系统将作为两大支柱，为工商银行开办网上银行业务奠定坚实的技术基础。“新资金汇划清算系统”将向社会各界提供各种异地汇划和银行内部资金清算功能，它主要办理外部资金结算和内部资金划拨及清算业务，是一套全新的集汇划业务、清算业务、结算业务于一体的综合性应用系统，它的推广为网上转账业务的实时有效性提供了有力的保证。“新一代综合业务处理系统”是工商银行为适应现代金融业务发展的需求、加快商业化进程而开发的多功能、综合性业务处理系统。该系统作为网上银行的后台依托，其统一的业务平台、统一的客户信息系统以及更为丰富的业务功能将大力促进网上银行的发展。

2. 中国农业银行有关情况

（1）电子汇兑系统的发展历史与发展现状

中国农业银行全国电子汇兑系统是一个基于现有联行体系，利用农业银行系统内计算机系统和网络，对支付指令进行批量传输和处理的系统。该系统于1996年1月1日正式开通。其作为农业银行的支付主体，该系统具有汇兑、系统内汇差清算、对账监督、查询查复四大功能，可以处理八种业务，即汇兑业务、托收承付、委托银行收款、商业承兑汇票、银行汇票、银行承兑汇票、内部资金划拨、信用卡业务。

系统自1996年投产以来，到2000年，全国入网机构已达7 387个，全年业务量达40 414 248笔。入网机构平均年增长率为5.47%，业务量平均每年递增15.21%。全国批量电子汇兑系统以其高效、快捷、安全的服务，赢得了广大客户，为农业银行带来了很好的经济效益和社会效益。

随着经济的发展，对资金集中管理、统一调配、实时汇划的要求越来越高。为了满足社会这一需求，农业银行于1997年开始建立全国实时汇兑系统，并于1998年10月7日正式开通该系统。

全国实时汇兑系统自正式运行以来，网上运行机构由1998年的96个增加到2000年的646个，业务量由日平均10多笔增加到2000年的70笔。2001年，农业银行把全国实时汇兑业务作为重点科技推广项目之一，将使每一县级机构均开通全国实时汇兑业务。

（2）农业银行的电子商务系统建设

农业银行建设电子商务系统的总体目标可以概括为以下四个方面：

（i）调整传统业务系统，加快全国业务应用系统网络建设，建立总行同全国业务数据中心的通信通道，形成总行统一的对外网络接口。

（ii）建立农业银行网上银行系统，将银行传统柜面延伸到 Internet。

（iii）建立农业银行支付网关系统，开展广泛以支付结算服务为核心的电子商务业务。

（iv）建立与网上银行相结合的农业银行客户服务中心，推行客户经理制，提供面向客户的友好服务窗口。

发展电子商务系统的宗旨，是建立面向客户的金融服务体系，调整内部业务应用系统的构架和功能，把农业银行传统的以账户为核心的电子化账务应用系统，转变为以客户为核心的金融支付服务系统。目前银行业的电子商务主要包括网上银行、网上支付、手机银行、呼叫中心等。

农业银行的网上银行系统开发工作从 2000 年 9 月起，目前已经完成系统的开发工作和首批试点分行的技术联调工作，运行环境基本就绪，业务章程和管理办法等规章制度的编写已经完成，将在近期开始推广培训，并在 8 月开始首批六个分行的试运行工作。

农业银行的网上支付系统基于 CFCA（中国金融认证中

心）的 SET 协议，能够为网上购物等交易活动提供在线的结算手段。目前正在建设过程中。

在开展网上银行的同时，农业银行也积极开展移动银行的开发工作。目前基于短信息的移动银行的研发工作已经开始。通过移动银行系统，能够为广大移动客户提供账户查询、缴费、炒股等服务。

农业银行的呼叫中心（Call Center）系统目前在上海分行已经推出，其他一些分行也在建立各自的呼叫中心系统。呼叫中心能够为客户提供友好的业务咨询、业务操作手段，并可以与网上银行等系统相结合，形成完整的金融服务体系。

（3）农业银行网上银行系统

（i）概述

农业银行网上银行是利用现代的计算机技术，结合我国银行界实际业务现状，向客户提供的一种新型的高科技银行服务产品。网上银行系统具有技术先进、功能全面、界面美观、操作简便和安全可靠的特点。通过网上银行，客户无需亲临银行柜台，只要利用浏览器就能够方便、及时、准确、安全地自行办理银行业务，给客户提供了一个 24 小时服务的网上自助银行。同时，网上银行给农业银行的客户提供了诸如缴费通、存折炒股、交易定制等多种人性化的特色服务，极大地扩展了农业银行的服务品种。对于企业客户，最大限度地免除了业务人员往返于企业与银行柜台之间的奔波辛苦。企业领导和财务人员只需轻松地点击办公桌面上的计算机鼠标，便可以通过电话拨号进入网上银行的企业金融业务系统，及时查阅企业在银行的账户资金信息，办理账户结算，查询子公司的财务状况。对于个人客户，可以足不出户地在家里或宾馆里利用电话线和专线系统登录到网上银行个人金融业务系统，查询自己的账户信息，进行支付转账，利用网上银行提供的特色服务进行存折炒股、实时缴费等交易，极大地减少了在银行柜台的等候时间，满足了不同客户的个性化需求。对于未在网上银行登记的公共客户，也可以登录到网上银行公共客户金融业务系统，查询自己的账户信息，了解网上银行开办的服务种类，了解网上银行发布的最新金融信息。总之，通过网上银行，农业银行拓展了自己的服务渠道，提升了自己的服务能力，可以给客户展现良好的企业形象，在客户心中建立良好的品牌信誉，从而使农业银行以客户为中心的服务思想得到了充分地体现。

(ii) 网上银行的技术特点

在技术架构上，农业银行网上银行在国内首次采用了总行统一集中接入的方式，建立总行统一的网上银行中心，做到了网上银行客户信息、业务功能、操作数据集中存放、统一管理的模式，体现农业银行一级法人统一的形象，并且在技术上与目前银行业务系统大集中的趋势相一致；

在国内第一次采用B/S技术实现了全行集中的客户信息系统，既实现了全国客户信息的集中管理，又可以方便地在全行范围里任何一个网点进行客户信息登记和管理；

在个人银行和企业银行通过多种个性化服务的功能，客户能够定制各种交易，这在国内网上银行中还十分少见；

在服务形式上，通过在业务交易界面上集成了相关信息等服务功能，突出了网上银行的综合服务功能，使网上银行的交易界面具有人性化的风格，这种设计在国内的网上银行中尚属首次；

接口机系统实现了先进应用路由功能，能够在参数配置的基础上实现接口机对报文的转发功能；

在国内同业中首次将XML标准引入银行交易报文，建立了基于XML标准的《电子银行交易报文规范》，使网上银行与业务应用系统之间的数据通道建立在一个数据描述能力强、业务涵盖范围广、交易种类易于扩充的良好基础之上；

开发了网站内容管理系统和搜索引擎，网上银行具有综合网站的特点，不但提供银行业务功能，而且具有信息服务功能，使网上银行交易具有很大的服务空间。

(iii) 网上银行的业务特色

• 体现了以客户为中心的服务思想

网上银行的核心是客户信息系统的建设，完整、合理、先进的客户信息系统，是满足现在以及将来需求发展需要的关键。因此，我们对客户信息系统的设计遵循以真实客户为管理核心的基本原则，通过对客户信息的分析，找出客户信息的内在关系规律，从而使网上银行建立在一个坚实的基础之上。同时，在设计过程中，充分考虑了农业银行现有客户信息的分布情况，做到了与农业银行新一代业务系统的兼容。在设计过程中以客户信息资料为核心结构组成部分，为客户产生客户号，客户与资源数据相关联，客户与客户相关联，客户号贯穿于整个应用系统中，使银行的客户系统不再是孤立的外挂的壳，而是面向银行网络的完整的客户体系结构。实现真正意义上的“以客户为运作中心，以客户服务为根本”的银行经营理念。

• 具有丰富的业务功能

网上银行实现的金融业务功能非常丰富，基本涵盖了目前农业银行业务系统除现金和票据外的绝大部分基本业务。为客户提供这些日常金融服务的同时，还为客户提供了大量的网上服务功能，可以在网上缴纳电话费、上网费、呼机费等多种费用，实现真正意义的网上缴费通。对于个人客户更可以在网上银行利用借记卡进行存折炒股交易，进行银证转账交易。

- 具有人性化与个性化的特色服务

网上银行充分贯彻以客户为中心的服务理念，在设计服务品种上充分体现了人性化的设计思想，开发了能够满足不同客户需求的特色服务产品。同时，客户可以在登录网上银行后自由定制自己的个性化业务菜单，对于经常使用的交易可以定制批量交易信息，实现个性化的服务功能。

- 具有完善的安全体系结构

网上银行的服务涉及客户资金转账业务，因此必须把保障资金安全、规避银行风险作为系统建设的基本原则。网上银行系统在技术和业务的层面上建立了完善的安全体系，保证客户服务中心运营的安全性。技术上采用了证书认证系统保证客户的合法性和唯一性。在业务上采用了客户号验证、交易签名、企业操作员角色划分、权限控制等多种安全保证体系。

- 银行形象营销的新模式

网上银行在提供业务服务功能的同时，还为银行提供了宣传自己、树立企业形象的便捷方式，使客户与银行之间建立起方便的沟通渠道，客户在使用网上银行的同时也是客户对于银行的新业务、新服务了解的过程。友好的界面和简便的操作方式，可以让客户有一种宾至如归的感觉，迅速拉近客户与银行的关系。

（iv）网上银行业务功能简介

- 个人银行金融业务

  – 账户余额查询

  – 账户明细查询

  – 内部账户间转账

  – 支付转账

  – 网上银证转账

  – 存折炒股

  – 账户网上临时挂失

  – 网上缴费通

– 个性化服务功能（我的银行）

– 通知功能

- 企业银行金融业务

– 账户余额查询

– 账户明细查询

– 内部账户间转账

– 支付转账

– 账户网上临时挂失

– 网上缴费通

– 个性化服务功能

– 集团财务

– 通知功能

- 客户信息登记系统

客户信息登记系统是银行各个网点为网上银行客户提供开户和销户登记、申请和发放安全证书、设置客户在网银交易的业务权限等功能的系统。客户信息登记系统采用与普通用户相同的方式通过互联网接入网上银行中心，使客户登记系统能够方便地延伸到任何一个银行网点。

客户信息登记系统的主要功能为：

- 客户信息登记合同管理
- 客户基本信息登记
- 客户业务信息设置
- 集团企业子公司管理

（4）农业银行手机银行

农业银行手机银行是发展全行电子商务系统的必要组成部分，它将与网上银行、电话银行、客户服务中心等共同组成农业银行的电子商务系统。其中心目标是把农业银行传统柜面业务的适当部分，以先进、灵活、安全的方式延伸到无线通讯领域，并拓展手机上的新业务或业务的新形式，为用户提供优质服务。

其实现目标可以概括为以下几个方面：

建立农业银行手机银行系统，将银行传统柜面业务延伸到无线通讯领域。

建立农业银行基于手机的支付系统，开展广泛以支付结算服务为核心的手机银行业务。

发展手机银行的宗旨是利用无线通讯这一高科技应用，为客户提供安全、方便、快捷、高质量的银行服务。应用新技术来发展银行业务，增强农业银行的市场竞争力。近期目标是由总行统一协调，以分行为执行主体建立手机银行。先在试点行实施，后逐步推广。

手机银行上的应用大致可以划分为以下四类：信息资讯、个人银行、企业银行、支付结算。

手机银行的业务侧重于对私业务。这将最佳的发挥手机应用的灵活性、移动性、随意性以及个性化的特点。

目前手机银行的业务主要可以分为以下几点：银行传统业务如余额查询、转账、挂失等，银行交易业务如买卖外汇、开放式基金、国债等，银行代理收费业务如代理缴电话费、水电费等，支付结算业务如买卖股票、彩票、机票等。

手机银行建设的总体原则：先进性原则、安全性原则、开放性原则、扩展性原则、实用性原则。

手机银行将以金融综合服务平台（Financial Integration

Service Platform，FISP）方式提供服务，FISP是利用一个统一平台与移动运营商的运营系统相连，而手机银行只是该平台的一个接入系统。这个平台可以连接多个手机银行，也可连接其他的服务提供商，为客户提供更方便的手机服务。这不仅可以有效地使用移动运营商的运行容量，而且可以提供多种有用的服务，如炒股、购物、消费、预订机票、饭店等。

（5）客户服务中心

（i）客户服务中心的主要特点

银行客户服务中心（Call Center或Contact Customers Center）是以客户为导向，充分利用强大的计算机数据处理和通讯网络，通过电话、互联网、信函、传真等多种方式与客户进行双向的沟通交流，为客户提供24小时不间断、全方位的银行金融交易、咨询、通知、投诉、求助等语音自助及人工服务。

客户服务中心是利用计算机和电话集成（CTI）数字处理技术在银行业务上的新型应用。主要是以电话接入为主，为用户提供各种电话服务。具有如下主要特点：

- 智能化呼叫路由使资源得以充分利用

- 个性化服务与由最合适的人回答问题
- 自动服务分流
- 24 小时服务
- 实时的客户资料显示

（ii）建设客户服务中心的策略

农业银行已同信息产业部达成协议，确定了农业银行的特别服务电话号码为 95599。根据农业银行客户语音应答系统发展的现状，和建立客户呼叫中心的总体规划，客户服务中心的实施按照以下三步走的策略。

第一步，首先在短期内将各级分行现有客户语音应答系统（电话银行）的拨入号码，统一到 95599。一方面落实各地 95599 特服号的申请、开通，另一方面统一全国客户语音系统的形象。

第二步，按照总行的规划，在一级分行逐步建立完整的客户服务系统，取代原有的语音应答系统。

第三步，在完成农业银行数据通信网络升级，提供语音传输能力后，实现客户以本地 95599 拨入而可以呼叫全国服务中心的功能。

(6) 网上支付系统

(i) 网上支付系统的功能

建立农业银行网上支付系统的目的，是提供一个在互联网上开放的、安全的接口，以开展网上购物、网上资金转账等网上支付结算业务。

从技术角度讲，网上支付系统的功能，一方面是在互联网上以支付结算服务提供者的角色，依据一定的技术标准(如SET——安全电子交易协议)，参与客户、商户、银行三方的相互认证和交易过程；另一方面是以模拟营业柜员终端的角色，将来自互联网上的交易指令转换为银行内部交换网络——如借记卡网络、金穗卡网络——的交易指令，从而实现自动的、跨地域的转账过程。

从业务种类角度讲，网上支付系统支持的业务功能涵盖了相当广泛的范围。具体地，凡是经营商品（如网上商店、书店、花店等）及提供有偿服务（如电信资费、公共事业缴费、网上有偿浏览、有偿下载等）的营业实体，开设了Internet网站并建立了符合SET标准的支付系统，具有农业银行信任的机构发放的电子证书的，都可以通过农业银行的网上支付系统完成交易的结算。

（ii）网上支付系统的总体结构

网上支付系统包括行内、行外两部分。行内部分包括总行支付网关、分行业务网关、分行数据中心业务应用系统、行内业务交换网络等。行外部分包括电子证书认证中心、商户交易系统、客户前端系统等。

认证中心采用金融认证中心（CFCA）。对各银行、各网上商户及客户（个人或企业）发放电子证书，该证书符合SET 协议的要求。

上网的商户除了建立供客户浏览的网站，还要建立符合SET 协议的交易系统。

客户的前端系统是标准的 WWW 浏览器及必要的软件插件，如电子钱包软件。

（7）中国人民银行在电子商务发展中应发挥的积极作用

在建设有中国特色社会主义市场经济，迎接中国加入WTO 带来的新的机遇和挑战，面向新世纪的金融事业中，中国的电子商务方兴未艾，如朝阳待发。中国人民银行的指导、协调作用，在今后国内电子商务业务发展中，特别是在规范统一、优化环境、促进同业及行业间协作等方面具有不可替代的地位，在迎接国际同业竞争的道路中越来越至关重要。在当前新的时期，中国人民银行应当重点做好以下几方面的工作。

（i）发挥宏观指导作用，创造良好发展环境

电子商务的发展，是涉及社会各行业各领域的综合性事业。畅通的通讯基础、统一的技术业务规范、完整的法规体系、方便的结算支付手段、健全的配送和服务体制、成熟的社会信用体系等方面，是电子商务发展完善的必要条件。中国人民银行一方面应在政策上支持、鼓励各商业银行电子商务的发展，另一方面应联合各商业银行，从各银行的总体利益出发，协调各部门、各行业、各社会群体的关系，在创造电子商务良好发展环境方面发挥应有的作用。

（ii）做好协调服务实现资源共享

由中国人民银行组织工、农、中、建等十二家商业银行联合共建的中国金融认证中心，像全国银行卡工程一样得到了国务院和各级领导的关注，目前已经正式挂牌营业，为确保各银行网上银行和全国电子商务的安全打下基础。该工作与其他联合共建项目类似，都具有“三分技术、七分协调”的特点，做好各方面的协调工作在项目实施中具有重要意义。金融认证中心应提高服务意识，解决好阻碍联合业务开展的收费等问题。在现行时期条件下，不宜为收费及分成等问题产生过多困扰，更不宜向持卡人或商户转嫁成本。电子商务和网上银行业务仍

处于环境和市场培育阶段，不应把盈利作为目的。

（iii）完善银行卡标准和规范体系

在电子商务和网上银行的建设实施中，各银行遇到了一些在传统业务中未出现的新问题，要求部分制度、法规作出相应调整。例如：第一，为了实现企业间网上支付，必须改变采用人工识别纸质印鉴的方式，而推广使用电子支付密码，要求会计主管部门尽快作出一系列的管理制度上的调整。第二，网上支付是自助方式进行的，现场是无法开具传统意义上的纸质凭证的。解决的办法是推行使用电子凭证。电子凭证与电子支付密码一样，都具有比传统纸质凭证更高的安全性、可信性，都需要主管部门对制度作出重要调整。第三，在个人支付领域，也存在以电子签名替代手工签名的问题。金融认证中心发行的电子证书，其核心功能之一，就是电子签名功能。而电子签名至今尚无法律上的正式认可。第四，为了有效地对客户进行识别、分类、记载，以提供面向客户的优质服务，对客户（包括个人客户、企业客户）和商户的编码标准化，是当前急需解决的问题。如果各银行，甚至各银行的不同应用系统、不同机构分别以不同的方式为客户编码，形成多种多样的编码方案，则会为将来联合经营和混业经营的转变带来巨大障碍。中国人民银行应当发挥在行业规范化、标准化中的主导作用，尽快完成电子商务技术所有必要规范的制定，建立起完整的标准和规范体系。

（iv）促进社会信用体制的形成

对社会信用体制的强烈需要，是社会主义市场经济发展中的新课题。国内银行卡的早期发展，是在借鉴、模仿国外信用卡的有关办法，结合国情，在不具备真正意义的社会信用体制的条件下进行的。我国的“信用卡”——准贷记卡是一种中国特色的银行卡，其本质特性是一种借记卡，各银行是在储蓄业务的经验基础上来发展卡业务的。而真正的信用卡是一种信贷业务。目前市场对个人消费信贷的需求日趋强烈，随着个人购买住房、购买汽车等专项信贷业务的发展，个人消费信贷必将趋于广泛化。另一方面电子商务的发展，特别是“企业对企业”模式的电子商务成为热点，对社会化的信用体制提出了更为急迫的要求。中国人民银行应当尽早研究该课题，把制定统一的个人/企业客户信息数据规范，建立国家级的征信中心，促进有关法制法规的健全，以及逐步形成完整的社会信用体制的工作列入议事日程。

3. 中国银行有关情况

（1）“网上银行服务”系统的总体目标

“网上银行服务”系统（Online Banking Services System，

OBSS）的目的就是在传统的业务处理系统的基础上，利用互联网/内联网技术，将所有业务处理系统有机地联系起来，通过在整个中国银行范围内建立面向客户的服务体系，为客户提供统一、综合、安全、实时的金融服务。

在定义中包括了以下几个要点：

（i）以原有的业务处理系统为基础

“网上银行服务”系统不是一个单独的业务处理系统，它本身不能独立地处理某项银行业务，必须以已经存在的业务处理系统为基础，所有的业务处理最终都要由现有的业务处理系统来实现。

（ii）采用互联网/内联网技术

采用互联网/内联网技术，并不是因为它技术新，而是因为它具有网络分布计算和系统平台无关的特点，这两个特点特别适合解决中行业务系统分散和系统平台种类多的问题。另外在采用这种技术后，对系统的开发和维护都会带来巨大的好处。

（iii）将现有的业务系统有机地联系起来

中国银行现有的业务系统总的来说都是分散形式的。通过建立“网上银行服务”系统与传统业务处理系统之间的接口，使分散的不同的业务系统能够通过“网上银行服务”系统这个桥梁有机地联系起来。

（iv）面向客户服务

“网上银行服务”系统应该以客户为中心、面向客户提供服务。所以在“网上银行服务”系统中，重点应该是如何根据客户的需要，为客户提供方便、灵活的服务。

（v）提供综合服务

由于能够把现有的分散的业务系统有机地联系起来，打破了地区的限制，也就能够从更大的范围为客户提供综合的服务，甚至可以说这一系统能够包容中国银行所有的面向外部客户的业务品种，涉及全行所有的业务系统，并利用现有的业务品种，结合新的技术手段，发展出新的服务项目。另外，还要考虑把现有的客户终端、电话银行等功能结合起来，形成统一的面向客户的服务体系。

（vi）“网上银行服务”系统版本一定要统一

“网上银行服务”系统可以说是一个国际化的系统，其范围已经远远超出了任何一个传统的业务系统，所以绝对不能同时出现多个版本，必须在客户界面、业务做法、网络管理上始终保持统一。

（vii）要尽可能地保证系统的安全

系统安全应该包括三个方面：一是使系统本身免遭破坏；二是保证客户的资金安全；三是为客户保密，保证客户的信息不被窃取。所以在安全问题上，不应该存在对公、对私的差别，也不应该存在查询和转账的差别。

（viii）提供实时的金融服务

这是对“网上银行服务”系统的基本要求。实时也包含三个含义：一是对客户的服务请求能够实时响应和处理；二是能够提供全天候的服务，每天 24 小时、每周 7 天、每年 365 日；三是响应时间必须能够满足客户的要求。

从以上的定义可以看出，“网上银行服务”系统的作用和意义已经远远超出了任何一个传统的业务系统。如果能够成功地建立“网上银行服务”系统，把客户终端、电话银行等不同手段结合起来，将在整个中国银行范围内形成一个统一的面向客户的综合服务体系。

（2）项目开发过程

1996 年初，中国银行本着以客户为中心的经营理念，开始着手研究电子商务的有关问题。

1996 年 8 月，改版后的中国银行网站 www. bank-of-china. com 正式推出。

1997 年 2 月，中国银行网上银行服务系统项目正式立项，标志着中国银行正式跨入电子商务领域。

1997 年 7 月，中国银行网上银行服务系统正式投产，首期推出集团账务综合查询、长城信用卡账户余额、交易信息网上查询、网上国际收支申报等服务。中国银行因此成为国内第一家将传统银行服务延伸到互联网领域的商业银行。

1998 年 1 月，中国银行总行成立了网上银行服务项目领导小组，由主管副行长任组长。

1998 年 3 月，成功实现国内第一笔长城信用卡网上支付。

1998 年 8 月，中国银行家居银行项目立项并开始研究工作。

1999 年 3 月，成立了网上银行处，作为网上银行服务项目领导小组的办事机构。

1999 年 6 月 28 日，中国银行正式发布“企业在线理财”、“支付网上行”和“银证快车”三大系列服务产品。其中的“支付网上行”是基于SET的长城借记卡的网上支付服务。为此，中国银行建立了SET支付网关和CA中心。这是中国银行界第一个投入实际运营的完整的网上安全电子交易系统。

2000年2月1日，中国银行推出崭新的网上转账服务——“汇划即时通”。“汇划即时通”服务实现了不同公司客户之间的网上转账交易。

2000年4月，中国银行推出家居银行服务。

至此，中国银行初步建成了面向个人消费者、（集团）公司、证券商、网上商户等不同客户类型，以企业在线理财、个人在线理财、银证快车、支付网上行等产品系列为基础的网上客户服务体系。

中国银行将以“积极、稳妥、持久、创新”作为中国银行发展网上银行服务的战略指导方针。积极，就是中国银行要在电子商务领域中，至少在银行业中扮演领导者的角色，要积极推进中国电子商务的发展；稳妥，就是电子商务带来许多新的问题，包括安全问题、法律问题、业务流程改造问题，甚至组织结构调整的问题，要对这些新问题进行认真研究，不能盲目追求新技术，要保证电子商务能够健康发展；

持久，就是中国银行把电子商务作为21世纪的一项重要战略决策，是中国银行的长远目标之一，中国银行将在电子商务方面保持持续的发展；创新，就是中国银行为了适应电子商务发展的需要，也要加强创新能力，包括新技术的引进、新产品的开发、新业务流程的设计和新的组织结构的建立，创新精神在电子商务领域中是极其重要的。

（3）网上银行服务产品

（i）企业在线理财

- 企业集团查询服务

企业集团查询服务是为集团企业客户提供的理财服务。通过使用该项服务，集团公司的总部可以及时地查询本公司及下属公司的账务信息，为企业集团提供全面、准确的银行账务数据。

- 对公账户实时查询服务

对公账户实时查询是为客户提供实时查询账户余额和账户历史交易的服务。它可以帮助客户随时随地、客观地掌握公司的账务信息。它基本可以替代现有的客户终端的有关功能，有效地降低了中国银行的经营成本，扩大了服务范围。

- 国际结算业务网上查询服务

为企业提供有关国际结算业务的多种查询服务，其中包括开立信用证查询、信用证项下来单查询、进口代收查询、信用证项下通知查询、信用证项下议付查询、信用证项下结汇查询、出口托收查询、出口托收结汇查询、汇入汇款查询、汇出汇款查询等。

- 网上国际收支申报服务

国际收支申报服务是客户通过计算机网络在自己的办公室里进行国际收支申报的服务，不仅能够方便客户进行国际收支申报，更重要的是系统能够自动生成客户申报单，对客户申报进行自动的控制、检查和加工，根据不同情况分别处理。这对于保证国际收支申报工作的安全、及时和准确，避免手工重复工作中的错误隐患具有非常重要的意义。在这一服务的基础上，可以很方便地增加各种申请申报类的服务。

- 汇划即时通服务

为企业提供企业内部和企业间的即时大额转账服务。通过多种安全技术和管理手段，充分保障客户的资金安全。

（ii）支付网上行

“支付网上行”是中国银行推出的基于中国银行长城借

记卡和长城国际信用卡的符合 SET 标准、进行网上支付的服务产品。中国银行长城借记卡或长城国际信用卡的持卡人可以利用免费发送的电子钱包软件，在中银电子商城轻松地实现网上购物支付；同时，广大从事网上销售的商家也可以使用这种安全、方便、快捷的网上支付手段，开辟新的发展前景。

（iii）银证快车

“银证快车”将为证券公司提供总公司与各营业部之间的安全、快速、高效的证券资金清算划拨服务和相应的查询业务。

（iv）个人在线理财

• 客户个人账户管理：账户余额查询、转账服务、历史交易查询、临时挂失、个人支票业务等。

• 个人外汇买卖：外汇买卖实时交易即时交割、外汇买卖委托交易挂单、外汇买卖委托交易撤单、实时外汇买卖委托交易查询、实时外币汇率查询等。

• 代缴费业务：代缴电话费、代缴手机费、代缴有线电视上网费等。

- 银券转账：股票保证金余额查询、股票保证金转账等。

（v）手机银行

基于借记卡、活期储蓄、定期储蓄的本、外币账户，利用短消息和 WAP 技术，实现账户信息查询、转账、代缴费、银证转账（包括 B 股）、外汇买卖、挂失、外汇牌价查询、利率查询等功能，扩展了客户服务的渠道，丰富了客户的理财手段。

（vi）呼叫中心（Call Center）

综合利用自动语音应答和人工座席服务，为公司客户和个人客户提供储蓄、信贷、国际结算、信用卡、银证转账、外汇买卖等多类业务的咨询、查询、通知、转账交易等多种服务，成为中国银行客户服务体系中的一个重要渠道。

（4）中国银行网上银行服务系统的技术风险管理

中国银行网上银行服务系统的技术安全策略的基本指导原则是：

（i）管理与技术有效结合

技术手段和管理制度要相互配合，在整个技术风险管理体系中，有的部分是通过技术手段实现的，有的环节是通过配套的管理手段实现的，两类手段要紧密结合在一起才能形成完整的技术风险管理体系。同时，即使有了好的技术手段，也需要有严格的管理，保证所采用的技术手段能够真正服务于管理的需要，并达到管理的目的。

（ii）预防为主、防治结合

安全防范是重点，同时也要准备好各种补救措施。

（iii）不断发展、变化

俗话说“道高一尺、魔高一丈”，技术在不断发展、不断变化，技术风险管理工作就要时刻掌握新的发展动态，不断调整、补充自身的安全体系，使之最终不断完善。

（iv）投入、产出的平衡、取舍

安全管理要花费成本。特别是技术风险管理，需要投入的成本是非常巨大的。因此，安全与风险是对立统一的，既不能不考虑风险，也不能一味地只强调安全，两者需要相对平衡。

网上银行服务系统的技术安全体系包括以下几个方面：场地安全、通讯安全、设备安全、系统环境安全、应用软件安全、运行管理安全、协议安全和网上交易安全等。

其中，网上交易安全具有其特殊性，这里做一简单的介绍。网上交易安全需要考虑四个方面的需要：传输加密、数据完整性、身份认证和交易的不可否认性。为此，中国银行采用了国产128位算法的SSL协议，可以保证传输加密和传输数据的完整性。为用户设置了用户密码，作为用户身份验证的手段之一。采用了编码印鉴技术，可以保证身份验证、交易数据的完整性和不可否认性。同时，在业务控制方面也采取了一系列的措施，例如要求企业客户内部具备授权机制，提供双人/多人控制机制，责任分工明确到人，客户服务功能和账户操作都增加具体到人的访问控制，并且还要具体规定不同操作人员在不同账户上可操作的限额和操作的种类，并在内部通过审计来监督银行内部的业务处理。

（5）中国银行在电子商务领域的进展

（i）银行业在电子商务中的定位

几年前，有的IT巨头说，今天的银行就像行动迟缓的恐龙，迟早有一天会被IT行业所取代。这种言论不是危言耸听，银行业确实受到了前所未有的挑战。那么银行如何求得生存和发展呢？

在社会的经济生活当中，银行最重要的作用就是信用中介和支付中介的作用，特别是信用中介。银行之所以能够存在，能够开展各项业务，完全是以银行本身的信用作为保证的。这也正是为什么在电子商务如火如荼地开展的过程当中，银行仍然能够得以发展的一个重要原因。银行经过多年的经营，取得了很好的信用，这是银行最宝贵的财富。在今天的电子商务中，人们利用各种技术手段来提供各种安全机制，其最终目的还是为在网上进行交易的各方提供一个可以信赖的环境，但这种环境目前还只是一个资金信息流通的环境，距离银行所提供的信用保障还相距甚远。所以在电子商务领域里，具有深厚基础的银行是不会轻易消失的，而且是电子商务领域中不可缺少的一个重要角色。同时，银行自身也在向着适应电子商务发展的方向进行调整，比如现在的一些银行为客户提供网上银行服务，为电子商务提供网上支付服务，这些都说明银行通过自身的不断调整，在电子商务大环境中的作用还会不断地得到加强和发展。也就是说，银行业在面临挑战的同时，也同样获得了新的机遇和发展空间。

从电子商务发展的过程也可以看出这一点。如果没有价值的转移，商务活动就失去了最终的意义。价值的转移离不开银行或金融机构的参与。在银行开始提供网上支付手段之前，虽然众多的、大大小小的企业在网上开展商务活动，但都受到了很大的限制，人们一再谴责支付手段成为阻碍电子商务发展的瓶颈。当银行开始介入电子商务领域，特别是经过金融机构认证、授权的 CA 中心的加入，或者说只有当银行通过 CA 中心的形式为电子商务提供了信用保障，并为电子商务提供可靠的支付手段的时候，电子商务才得到了迅速、规范的发展。

目前，从参与电子商务的企业得到的信息是，希望银行在两个方向上提供服务：一是利用银行现有的资金管理能力，为企业特别是大型集团企业提供良好的财务管理，提高企业的资金运用效率，降低资金成本；二是利用银行已经形成的风险管理的经验和体系，降低企业本身在资金运用中可能存在的风险。所以在电子商务中，银行有着非常广阔的发展空间，主要还不是从技术上提供网上的支付手段（虽然这是必需的），更重要的是银行的金融服务经验。银行要在电子商务领域中得以继续发展，就必须发挥自身的优势，为客户提供更加全面、方便、安全的金融服务。

（ii）银行如何进行调整，以适应电子商务的发展

第一，要建立快速占领市场的经营策略，同时考虑短期和长期的发展战略。电子商务领域存在着许多未知因素，也就必然存在着潜在的风险。而银行一般都特别强调风险控制，

以稳健著称。所以在新的电子商务领域中，应该重新研究风险与收益的平衡点，如果因为不敢承担风险而放弃对市场份额的争取，最终失去了新的生存空间，这才是最大的风险（战略风险）。在电子商务的起步阶段，市场还没有完全成熟，正处在逐步形成的阶段，所以不能指望在短期内获得丰硕的商业回报，必须确立中长期的发展目标。

第二，靠扩大有形资产规模来获取效益的方法目前是行不通的，如果这样做，只能带来更大的负担。应该注重对无形资产的投资，包括企业的信誉、品牌的声誉、服务的质量等方面，还包括实现新的经营方式的技术手段和网络连接设施，特别是应用软件的开发工作，以及对于掌握这些新技术的智力资源的投资，尤其是那些能够将新的技术手段运用于生产实践的资源，这也正是知识经济的特点，要重视“知本家”的特殊作用。

第三，要调整银行内部的组织结构。电子商务本身是跨行业的，银行提供的服务必须是综合的。能将不同的业务处理有机地组合成面向客户的综合服务，这要求银行内部的组织结构能够与之相适应。而现有的许多银行，其组织方式都是基于职能划分的，部门之间有着明确、细致的分工，要支持综合性的电子商务的发展是非常困难的。所以将来在银行内部，在 IT 部门的支持下，一定会出现独立的支持电子商务相关业务的机构，而且这个机构一定要相对独立地经营各项网上业务，而不是简单地起一些协调作用。

第四，要尽快使整个企业全面走向电子化，尽快使各项业务处理从现实世界的手工处理过渡到虚拟世界的电子化自动处理，并尽可能地缩短这一过渡期。但是，银行现有的电脑系统的结构必须能够避免过度分散，否则将会使企业承担过高的电子化的成本。

第五，要逐步影响并促进外部环境的改善，特别是在银行经营方面的限制，比如对数字签名、电子凭证的法律认可和实施，现有清算体制对电子商务发展的制约，各项法规对电子商务的鼓励，等等。政府部门在电子商务活动中的组织作用是直接影响到电子商务发展进程的关键因素。

（iii）中国银行已经开展的相关工作

中国银行是一家国际化的商业银行，非常关注国际上新的发展动态，保持与国际发展方向的同步。中国银行从 1996 年开始对有关网上银行、网上支付方面的问题进行调研，自 1997 年初开始开发网上银行服务系统，并在半年后投产，主要是面向大型企业提供服务。这是中国银行界的第一个网上银行服务系统。到目前为止，中国银行已经推出了“企业在线理财”、“个人在线理财”和“支付网上行”系列金融服务产品。“企业在线理财”主要为企业特别是集团企业客户提供资金管理的服务，“个人在线理财”主要面向个人、家庭提供理财服务，“支付网上行”主要是采用SET标准，面向持卡人、商家提供B2C的网上安全支付的手段，中国银行为此建立了由SET、CA中心、支付网关、中银电子钱包组成的完整的支付体系，商家只要支持符合SET标准的支付协议，就可以利用中国银行的安全支付体系开展网上业务。现在，中国银行正在加紧开发为供应链上的企业客户提供B2B安全支付的新产品，这是中国银行2000年的工作重点。

中国银行将电子商务作为21世纪的重大战略决策，将循着“积极、稳妥、持久、创新”发展电子商务。今后，中国银行将进一步从决策层和经营管理层加强对电子商务发展的认识，用新的经营理念来武装头脑，充分利用现有的资源，结合电子商务诸多新的特点，大胆地摒弃传统业务中的条条框框，注重基础环境的改善，对银行的发展战略、内部组织结构进行必要的调整，更加重视知识、重视人才，与各界开展广泛的合作，制订适应电子商务发展的中长期规划，使中国银行能够在电子商务领域里与大家保持同步，保持创新能力，在新的历史时期能够得以持续的发展。

4. 中国建设银行有关情况

经过两年的不懈努力，建设银行已建成了技术先进、业务齐全、方便客户和初具规模的电子商务系统。该系统充分利用建设银行现有资源并以城市综合网络系统为基础，以资金结算系统为依托，以因特网等新技术为手段，整合客户服务渠道，形成了统一的电子商务应用平台，并针对不同客户，提供差别化和个性化服务。从面向客户服务渠道上分类，可以划分为网上银行、Call Center 和手机银行三部分。

（1）网上银行建设

建设银行作为国有大型商业银行之一，加快电子商务发展、建设网上银行可以更好地为广大客户提供 1 年 365 天、每天 24 小时，不受时间、地域限制的服务。为此，建设银行非常重视网上银行的开发和推广工作，特别是在网络安全方面采取了很多行之有效的措施，保护了银行和广大客户的利益，取得了显著效果。

建设银行网上银行系统包括个人客户、企业客户服务系统和安全认证系统，它集成了多种在国际和国内领先的信息技术和网络技术，既保持和发挥了银行传统业务的优势，又借助高新技术对传统业务进行了重组和创新，使银行经营方式发生了较大的转变。目前，建设银行的网上银行服务范围已经覆盖全国主要发达经济地区，下一步将进一步辐射全国，为全国所有的个人和企业客户提供“任何地点、任何时间、任何方式”的金融服务。

● 个人客户服务系统（B TO C）不断完善，不断创新

建设银行网上银行个人客户服务系统于1998年开始建设，1999年建成并于8月2日在北京、广州等城市开通，同时自行建设的CA系统也同步建成，目前已推广到全国，提供网上查询、转账、银证转账和付费业务等功能。1999年12月，建设银行网上银行推出（V1.5）新版本，在优化原有系统的基础之上，重点增加了网上支付功能，为企业到消费者的网上结算问题提供了完善的解决方案，使网民足不出户，便可网上购物，实现龙卡的实时结算；2000年11月，建设银行网上银行全面升级，引进国际上先进的中间件产品，彻底优化了原有系统，提高了系统的先进性、灵活性和安全性，增加了外汇买卖、证券交易、实时购物结算等新功能，受到了广大客户的欢迎。最近，建设银行最新推出的V2.0版本中，增加了个人电子汇款、债券登记系统、代发工资、批量转账和龙卡异地支付等新业务种类，为广大客户提供了更新更好的服务。

● 企业客户服务系统（B TO B）以客户为中心，以市场为导向

网上企业客户服务系统是利用互联网通过建设银行的城

市综合网络系统和资金清算系统实现企业之间本地或异地的查询和转账等功能。该系统于2000年建成，并在四川、湖南、福建、青岛、重庆和深圳等地开通，为企业客户提供了网上新服务品种。目前，该系统运行稳定，日交易金额数以亿计。

建设银行的网上企业客户服务系统的最大特色是通过授权机制，建立企业之间的逻辑关系，从而实现企业集团对分支机构或其他公司企业管理和监督的能力。整个过程具体来讲是，公司首先通过网上企业客户服务系统对他公司发出账户授权，该授权中必须包括允许他公司操纵的账户以及操作类型（查询或转账）等信息，然后他公司通过黑箱操作接受授权，双方信息握手后系统自动匹配，此后他公司就具有在授权范围内的操作权利，显然，这个过程不仅省去了企业跑银行办理手续的麻烦，而且也减轻了银行的繁重工作。

建设银行的网上企业客户服务系统，提供安全的技术和业务保证措施，能够防范风险，确保资金信息安全、及时、准确传递和保存。网上企业客户服务系统除了使用B1级安全操作系统、网络监控和防火墙外，还增加了安全代理加强安全防护。考虑到企业客户的资金往来金额比较巨大，系统使用中国人民银行CA中心颁发的CFCA证书，并将IC卡作为证书载体，对每笔交易使用数字签名，从而防止了客户抵赖，保障了客户资金安全和整个交易的安全有效性。业务上也从内部管理制度和操作流程上加强了各项安全措施，扫除了各个环节上可能出现的安全漏洞。同时，建设银行还想客户所想，设立了企业客户使用的三级角色（主管、制单、复核）控制方式，通过对企业内部操作人员的角色与权限设置，实现企业内部的分岗、分工，从而实现了客户端人工操作过程中合理的安全控管。

- 安全认证体系功能齐全，先进科学

建设银行的 CA 建设定位为电子商务应用的服务器和客户颁发证书，是电子商务应用的重要组成部分之一。建设银行 CA 认证系统基于公钥体系结构，借鉴国外成熟经验，与国内著名电子商务安全公司合作建立了 Internet 网上数字证书管理系统。该系统具有功能完备、操作简单、易于维护等特点，能够支持多种证书发放，签发、作废和更新服务器证书和个人证书，所签发的证书遵循 X. 509V3 标准，符合 X. 500 目录服务器标准、PKCS 公钥加密标准等国际信息安全标准，支持 SSL 和 S/MIME 协议，使用安全有效算法的专用硬件产生、保护和存贮密钥、加密与签名报文，支持 Netcape/IE 端的密钥生成、Smart Card 密钥生成和集中发卡，密钥管理安全可靠，支持多个证书域及注册机构的管理。CA 系统从 1999 年 2 月开始建设，同年 6 月完成，7 月开始发证。由于建设银行的电子商务采用CA安全认证系统，为客户提供的外汇买卖、证券交易、查询、转账、银证转账、代收代付、购物在线结算和支付等交易安全可靠，至今没有发生一次错误，保证了银行和广大客户的利益。此外，对于企业客户服务系统建设银行采用了CFCA（中国金融认证中心）的企业高级证书，建立了SET RA和NON－SET RA的RA系统，形成了建设银行完整的安全认证体系。

（i）网上银行系统架构

建设银行在1999年8月向社会推出了网上银行服务，同年开通网上支付业务。随后对网上银行系统不断完善和优化，目前已建成由总行管理、对外唯一的建设银行网上银行站点，支持全国主要地区在线交易。

建设银行的网上银行依托于原有的银行核心业务网络系统，建立一个银行与互联网连接的通道，使银行能够通过互联网向客户提供金融服务。网上银行本身并不独立地处理某种银行业务，所有来自网上的客户业务请求，通过网上银行传送给银行后台核心业务系统处理。

在整个电子商务运行环境中，建设银行的网上银行系统对外连接互联网上的客户和商户，对内连接着建设银行内部的业务系统。

建设银行的网上银行建设从一开始就立足于高起点，追求系统先进性、可靠性。在系统初期的建设和随后的更新完善中，坚持引入当时最新的互联网技术。系统搭建使用了HP、Cisco、Oracle、Netscape、BEA、ISS等世界级厂商的最新技术和产品。由于每个产品在各领域中都是最优秀的，而且产品都相当成熟，保证了整个产品组合的先进性，同时也带来最大限度的可靠性。

建设银行网上银行系统结构设计为三层：Web服务器、应用服务器和数据库服务器。Web服务器接受客户浏览器访问，并与客户端建立SSL连接，校验客户端证书的合法性。Web服务器将合法的客户请求交给应用服务器。

应用服务器是建立在Weblogic服务器上的一组应用程序，处理Web服务器送来的各种交易请求，并访问Oracle数据库。对于需要传送到银行后台核心业务系统的交易，应用服务器负责组织报文发送，并将银行后台核心业务系统传回的响应信息解包后，传回Web服务器。

三层结构使整个应用系统的I/O（通过页面表现）、业务处理逻辑和数据操作自然地分离，具有清晰、灵活的结构，特别适合由于网上银行业务迅速发展而对系统频繁提出修改要求的情况。

（ii）网上银行业务特点

便捷实用是网上银行系统主要业务目标之一。实用性表现在应向客户提供有价值的服务，并且客户能够比较方便地使用这些服务。争取更多的客户使用成本低廉的网上银行服务。

建设银行网上银行系统将柜台服务和支付网关合二为一，向个人客户提供了齐全的面向交易的功能，如账户查询、转账、代理缴费、外汇买卖、证券买卖、网上购物、订票的在线支付等。对企业客户提供账户查询服务。

客户只要有标准浏览器（如IE、Netscape）就可访问建设银行网上银行系统，无需安装特殊软件。友好的操作界面和演示系统使客户不经专业培训就能操作使用。

建设银行的所有客户都可以成为网上银行的客户，即在建设银行开设账户的客户经过申请就能使用网上银行服务。简便的申请流程也是建设银行网上银行的特点之一，客户在网上直接申请成为网上银行的客户，无需到银行柜台办理申请手续。客户网上申请流程包括如下几个步骤：

- 客户访问网银中心网站，选择开户服务，并填写开户申请表格后，提交开户申请。

- 网银中心对收到的客户开户申请表作完备性检查，如果客户申请数据合法，则组成交易报文送到银行后台核心业务系统进行客户账户校验。

- 银行后台核心业务系统校验客户账户后返回网银中心验证成功或失败信息。

- 网银中心对未通过验证的开户申请，返回页面告知客户申请失败。对通过验证的开户申请，返回给客户申请成功的页面，该页面包含以下信息：客户的数字证书序号、网上银行系统的用户号、登录密码（客户以后可修改）、交易密码（客户以后可修改）和下载数字证书站点的 URL。

- 客户得到下载证书的 URL 后，点击该 URL，访问 CA 网站下载证书。对于首次在建设银行 CA 中心下载证书的客户应首先选择下载根证书，然后再下载客户证书。

- CA 网站将证书下载给客户。

客户网上申请成功后，立即可以对自己的账户进行查询。若客户需要转账，就需要到柜台签约。

网上在线支付是建设银行网上银行系统吸引客户的另一重要业务。网上客户在网上商户订购商品后，选择使用其在建设银行的账户进行支付。支付金额和订单信息由网上商户传给网上银行系统，网上银行系统的应用服务器将支付请求组成报文通过银行内部网交给后台核心业务系统进行处理，并将支付结果通过Web服务器返回网上客户浏览器和商户。

（iii）网上银行安全策略

网上银行系统是银行业务服务的延伸，客户可以通过互联网方便地使用商业银行核心业务服务，完成各种非现金交易。但另一方面，网上银行系统也使银行内部网向互联网敞开了大门，如何保证网上银行系统的安全关系到银行整个金融网的安全。因此安全性是网上银行系统的考虑重点，也是网上银行建设选择技术方案和产品的主要参考因素。

建设银行网上银行系统的接口包括网上客户、网上商户和银行核心业务系统。从运行环境看，安全问题主要来自互联网的网上客户、网上商户。对于银行核心业务系统，需要保证网上银行系统的安全问题不会被带入银行内部网。因此，网上银行系统的安全措施主要是针对互联网访问的控制。

网上银行正常运行必须采取安全防范措施，防备恶意攻击，更主要的是向真正的客户提供可靠的服务，保障网上客户和商户的利益。因此，网上银行系统安全的主要任务是正确识别网上客户和商户的身份，允许客户使用合法的服务，保证客户信息和数据不被泄露和篡改。

建设银行网上银行系统特别注重安全性。建设系统的同时也建立了一套安全体系，这套体系包括安全策略、安全管理制度和流程、定期安全评估、安全技术措施、业务安全措施、内部安全监控和安全审计。

建设银行建立安全体系的依据是P2DR动态安全模型。P2DR动态安全模型是已经被国际上广泛公认的动态安全体系模型。在我国的银行领域也得到了广泛的应用。P2DR模型包括策略、保护措施、检测和响应，这四个不可或缺的要素。

在策略方面，建设银行网上银行建立了全套的策略和管理体系。建立了在总行集中进行安全监管的管理格局，利用网络的优势来控制由于互联网带来的安全风险。

在保护措施方面，在网上银行的边界建立了防火墙体系，包括路由器和PIX硬件防火墙，关闭FTP、Telnet等易被利用来攻击系统的网络服务，在保证网上银行吞吐性能的同时加强安全性。同时采用高安全级别的主机系统提供核心保护功能。衡量主机操作系统的安全性，是根据美国国防部TCSEC橘皮书中规定的等级标准。目前市场上能提供的商用操作系统的最高安全级是B1级（大多数商用操作系统是C2级）。

在检测方面，在网上银行的各个关键位置和关键服务器中布置了 ISS 实时入侵监控系统，随时监控对网上银行的非法访问和攻击企图。同时，还运用 ISS 漏洞扫描和评估系统，对网上银行各个主机和网络设备存在的安全漏洞进行定期的体检，及时发现漏洞和安全隐患并进行修补，加强系统安全。

在响应方面，如果网上银行受到攻击并且被 ISS 实时入侵监控系统发现，系统会立即报警并且首先及时采取切断攻击行为的响应。保证在最短的时间内作出反应。

完整的 P2DR 体系保证整个安全体系可以应付动态的威胁。当然，网上银行存在一定的风险，因此，只有降低风险，而不可能完全避免风险，银行提供何种网上业务服务，需在风险与利润之间寻求平衡。

安全策略是其他所有安全管理制度或措施制定的基础。网上银行系统的安全策略应当是银行整个计算机网络安全策略的一部分，在制定网上银行系统安全策略时也要考虑到银行整体安全策略与成本以及安全与效率这两个矛盾。要减少潜在的安全风险，必然会增加成本、降低运行效率。

（2）客户服务中心（Call Center）建设

Call Center 是在电子商务名词下出现的一种以通信技术和计算机技术为基础，以客户为中心的新型金融服务渠道。

建设银行 Call Center 运用先进的 CTI（计算机与通讯集成）技术，以及客户关系管理手段，于2000年在广州、北京、宁波和上海等地建成了 Call Center 系统，并通过高质量应用软件和经验丰富的座席代表，向广大客户提供外汇买卖、股票交易、查询、挂失、转账、电话购物和代收代付的金融服务以及差别化、个性化的服务，并受理客户对金融产品服务的投诉和建议。该系统具有为客户服务的安全性、效益性、全面性和及时性等特点，特别是 Call Center 与网上银行、手机银行的有机结合，更加方便了广大客户。例如，北京市手机银行的客户不需签约就能成为 Call Center 的客户，因为它们使用了同一个客户关系数据库。

建设银行具有国际先进水平的新一代客户服务系统结构分布合理、科学；各子系统界面清晰；操作界面友好，操作简便；系统内功能画面设置具有较高的智能化，换面切换简单、快捷；查询功能非常灵活，系统管理实行统一管理；系统安全可靠，业务处理快捷、准确，系统运行稳定性强，主要体现在以下几个方面：

第一，建立起因特网和电话集成的客户联系渠道。系统具有自动语音应答、人工接听、微机拨号接入浏览器功能、自动实时传真、呼机信息发送、电子邮件传输等可选功能，用户可以根据自己需要选择各种便捷的联系渠道，并在各渠道之间灵活地切换。

第二，能够方便地集成现有的业务应用系统。通过网络实现对现有业务系统的客户数据访问，无需修改业务系统，并在建立 Call Center 系统后，能在其上方便、快捷地开发新的业务品种，无需因后台系统的变动而对现有 Call Center 系统的改动。

第三，实现电话交换系统与计算机系统的有机结合。实现客户电话的智能路由、客户数据的自动查找以及强大的预见性拨号功能，使客户的电话能转接到最能解决他所提出的问题的座席员、经理甚至银行部门，同时从计算机系统中查找出客户的信息和所请求的服务，以最快的时间和最准确的方式响应客户的需求。

第四，系统具有一定灵活性和可扩展性。系统不仅处理话务通道，而且还能够处理传真、Web 浏览、电子邮件、视频会议、手机、呼机、个人商务助理、Web TV（网络电视）等联系渠道，以及未来新出现的联系方式。

第五，能够最大限度地使用现有的各种资源降低服务费用。系统最大限度地控制电话费用和人力资源费用，减少通话时间，为客户提供个性化的服务，提高整个系统的响应能力并留住现有的客户，赢取新的客户，从而增加企业的利润。

第六，建立综合的客户信息数据库（CIF）。将分散在原有业务系统中不一致、不完整的客户信息进行整合补充，建立综合客户信息数据库，为 Call Center 的各类操作管理人员提供各种信息。

第七，逐步建立“以客户为中心”的建设银行内部运营模式。将 Call Center 系统与企业内部管理系统集成，建立并逐步完善“以客户为中心”的建设银行内部运营模式，使客户足不出户即可通过各种联系渠道获得银行的产品和服务。

第八，不断完善 CRM 系统，提高系统的性能。随着 CRM 系统的不断完善，逐步运用 CRM 系统提供的信息资源，提高客户忠诚度、客户满意度，降低成本，保持建设银行的竞争力。

（3）手机银行建设

建设银行和通信公司强强联合开发的手机银行是基于中文短信息技术，利用现代通信技术通过手机为客户提供的金融服务，体现了移动业务与银行的有机结合。在实施过程中，建立移动银行电子平台，与呼叫中心、网上银行、柜面系统和银行卡系统进行连接后，能够有机地整合各项业务，实现金融服务的延伸。2000 年，手机银行在北京、四川、山东和深圳等地开通，提供外汇买卖、证券业务、转账（卡折转账、银证转账）、付费、查询、挂失和公告等多种服务品种。客户通过手机银行办理的每笔交易信息都通过密码验证，而且每笔交易必须经过建设银行加密后才能发送。广大手机客户将信息输入后，便可在几秒钟内完成交易。

（4）结束语

尽管建设银行在电子商务建设中取得了一定成绩，也采取了很多行之有效的安全措施，使电子商务的建设初具规模，但是，在电子商务年代，建设银行将面临越来越激烈的竞争，只有发展既能充分满足客户需求又能大幅度降低成本的新型渠道，才能向客户提供方便、快捷、低成本的产品和服务。特别是中国加入 WTO 后[①]，给中国金融业带来机会的同时也带来更大的挑战。面对高速发展的电子商务，建设银行更要加快建设进度，不断开发新的服务品种，按照建设银行科技总体规划，重点抓好客户关系管理（CRM）数据库建立与完善、全行数据大集中工作和现有系统整合工作，紧紧跟踪国际技术动态，应用国际先进技术和产品，提高电子商务的应用水平，让广大客户足不出户，便可走遍全球，无论在何时、何地都能享受到建设银行的各种服务。

5. 交通银行有关情况

互联网以及互联网技术的发展，带来了许多新的经营观

① 成稿时我国尚未加入 WTO。

念和经营方式，但同时也带来许多新的困惑和难题，例如安全防范、投入产出等问题。当然互联网所带来的市场前景是不容低估的。交通银行在开拓网上业务领域中继续保持着积极、审慎的原则，以市场为导向稳步推进，并把网上业务的开展作为一个长期的可持续发展战略。以下简要介绍交通银行网上银行的建设情况。

（1）电子化基础设施发展现状

世界银行曾经断言：未来衡量一个国家发达与否的标准将是网络化程度。对于一家银行，其业务系统的网络化程度也将形成较大的竞争优势。交通银行十分注重网络化的建设，即“全行贯通”的发展战略。多年来，交通银行在计算机通讯网络建设方面投入了大量的资金，形成了贯通全行的“信息高速公路”，这就为形成全行支付系统、业务处理、金融服务网络化奠定了基础。

交通银行电子汇兑系统自 1997 年 1 月 2 日正式投入运行以来，以其安全、高效、快捷的优势，为全国各行业提供了优质服务。为企业结算业务的资金汇划减少了在途运作过程，赢得了时间。交通银行电子汇兑系统具有满足各种银行结算业务的功能，目前开办了本外币汇兑业务、个人汇款业务、托收承付业务、委托收款业务、储蓄托收业务、资金汇划业务、信用卡代收代付业务、银行汇票业务、银行承兑汇票业务、查询查复信息等10多种业务，可以满足全国各行业各种结算业务的需要。

“跻身零售大市场，开展战略大营销，实现业务大发展”是交通银行私人金融业务一以贯之的发展方针，作为私人金融业务桥梁与纽带的太平洋卡业务已历经了8年的发展历程，8年来，太平洋卡业务立足于业务创新，服务于大众理财，现已发行了近百种太平洋系列联名/认同/专用卡。太平洋卡集多种理财功能于一身，已成为国内科技含量最高、服务手段最齐全的银行卡之一，为持卡人实施家政理财与投资理财提供了有效的手段。“太平洋卡理财通天下”是对太平洋卡功能的形象概括，也是交行人不断追求的目标。

近来，交通银行正在积极推进综合业务系统，该系统以中央会计为核心，以客户管理和公共控制为基础，以综合柜员制为操作形式，融本外币业务处理和会计核算（包括存款、贷款、结算等业务）为一体。该系统着眼于加强内部管理和控制、强化服务手段和综合处理能力，提高了会计数据和业务信息的利用率，从而构建了新一代的业务处理核心，为交通银行各项业务包括网上业务的开展奠定了坚实的基础。

（2）交通银行网上银行建设情况

交通银行网上业务自1998年正式推出，服务对象主要以上海、重庆、郑州等大中城市的个人和公司客户为主，网上服务的品种主要分为信用卡、企业结算、外汇买卖等若干大类。

(i) 个人银行

目前推出的网上银行业务系统，主要包括交通银行银行卡（太平洋借记卡、太平洋信用卡）业务等服务，24 小时为用户提供银行卡的账务查询、卡内转账、同一客户号下的卡间转账、代扣费用、中间业务代理、银证转账、口头挂失等服务内容。客户可以不出家门，轻松理财，随时掌握各种信息，适时调度资金。其中，账务查询功能提供分类查询卡内各类账户余额及历史交易明细；卡内转账功能提供卡中存款由活期转定期、到期定期转活期等类型的储蓄业务；卡间转账功能提供将太平洋借记卡中的存款转入同一客户号下的其他卡或活期存折（含“一本通”）；银证转账功能提供通过网上银行系统，进行太平洋借记卡与证券公司保证金账户的实时资金调拨。

(ii) 企业银行

网上企业银行系统提供转账付款、电子汇兑、银行通知、查询余额和业务明细、打印账户对账单等功能。其中，账户信息查询功能提供同城、异地、跨国（指境外交行账户）的实时余额、当日交易明细、历史交易明细、来账明细、贷款账户、支票状态查询等；企业本外币账户管理（企业内部转账）功能提供企业活期存款账户间转账、企业活期账户与定期账户间的转账、企业活期账户与通知存款账户间的转账、企业活期账户与协定存款间的转账；企业对外转账支付功能提供同城系统内、同城跨系统、异地系统内、异地跨系统的付款（支付）、代缴费等；集团财务管理功能提供总公司对子、分公司账户余额查询、历史交易查询打印、内部调账（资金划拨）、账户集合（集团内各账户余额汇总）、账户轧差（集团客户账户集合后与贷款自动轧差）。

（3）开展网上业务中遇到的困难和需要解决的问题

在交通银行推进网上业务的过程中，取得了不少经验，但同时也遇到了不少困难和问题，概括如下：

（i）互联网的安全问题是交通银行网上业务推进中遇到的最大的问题。既要保证客户资金安全、信息安全，又要为客户提供便捷的网上服务，如何处理好两者之间的关系始终是研发过程中关心的重点。

（ii）据统计，目前15 000多家大中型企业中，约有10%的企业基本实现了信息化，70%的企业拥有一定的信息化手段，20%的企业只有少量的用于财务、打字方面的计算机；

另外在目前工商注册登记的1 000多万家的中小企业，只有不到10%的企业拥有一定的信息手段，这就反映出我国目前企业的电子化水平还较低，这在一定程度上影响到网上银行的推广和应用，网上业务的合理收费问题更无法掌握。

（iii）我国加入WTO以后[①]，银行业势必也形成中资银行与外资银行两大阵营，因此我国银行业的联盟势在必行。各商业银行如何在银行传统业务以及网上业务中实现业务联动，如何解决银行与非银行金融机构的业务联动，将是不久将来中国银行业的又一个热门话题。

6. 中信实业银行有关情况[②]

（1）清算系统发展现状

清算系统是银行信息系统的重要组成部分，是该行实现资金清算和文件交换的核心系统。系统采用多级结构设计，但可根据实际业务需要设置。清算中心独立于其他部门运行，实行单独核算。可实现通兑业务、电子汇兑业务、信用卡业务等的实时和批量清算。可实现各类电子汇兑业务和通兑业务报文的转发。具有报文转发、实时记账清算等功能。

① 成稿时我国尚未加入WTO。
② 银行名称以成稿时名称为准。

该行电子汇划系统于1999年3月在全行上线，经过两年多的运行，已经形成了比较完善的业务模式。2000年和2001年对系统进行了优化改造，增加了IC卡加押、自动核押、批量计息和发报、公文传递、查收/查付、自动对账、网上银行客户自助汇款等功能。目前，通过该行电子汇划系统在线路无故障的情况下，基本可以做到实时到账。

（2）电子商务网上支付业务开展情况及近期规划

目前，该行还未开展电子商务网上支付业务。下一步计划随同网银零售业务的推出，联合有关企业共同建立网上支付通道，同时充分利用社会上的公共支付网关，大力开发B2B、B2C业务。

（3）网上银行业务发展现状

中信实业银行网上银行业务于2000年7月开始试运行，12月正式推出。到目前为止，已拥有客户300余家，完成交易2 000余笔，累计交易金额300多亿元。

（i）系统特点

该行网上银行系统，充分利用全行计算机平台、应用软件、数据库完全统一的优势，以及多年来利用计算机网络提供银行服务的经验积累，实现了全行集中式的网银中心，以完全统一的服务窗口为客户提供服务。不仅使业务处理变得迅速快捷，而且使网上银行业务在全国同时开通变得轻而易举，并一举打破了行内本地和异地的差别。该系统还可通过对客户信息的采集、分析，为客户量体裁衣，开发全方位、个性化的金融套餐式服务。

为了确保安全，该行在网上银行开发过程中，率先引进了权威的、可信赖的、公正的第三方认证机制，成为成功使用中国金融认证中心（CFCA）证书完成网上交易的首家银行，可靠地解决了网上信息传输安全和信用问题。

（ii）公司业务服务功能

中信实业银行网上银行公司业务，能为中小企业、集团企业、社会团体和行政事业单位提供以下服务：

- 账务信息查询。用户可以进行账务当日明细查询、历史明细查询、活期账户信息查询、按页查询对账单、按日查询对账单。

- 内部转账。用户可以办理在中信实业银行开户的本单位不同账户之间或集团公司内部不同账户之间的资金划拨。

- 对外支付。用户可以不受行内外、本异地限制，办理向其他企事业单位支付款项业务。

• 银行信息通知。银行通过“留言板”将信息通知特定客户或全部客户。

（iii）零售业务服务功能

中信实业银行网上银行零售业务可为个人提供以下服务：

• 个人设置服务功能。包括挂失、修改登录密码、修改账户密码、修改账户别名、网上账户签约、撤销账户签约。

挂失是指网上个人银行客户可以对自己的签约账户进行相应的挂失申明。

修改登录密码是指网上个人银行客户可以修改自己的网上个人银行系统登录密码。

修改账户密码是指网上个人银行客户可以修改网上签约账户的交易密码，建议定期修改该密码。

修改账户别名是指网上个人银行客户可以给网上签约账户起喜欢、易记的账户别名。

网上账户签约是指已经成为网上个人银行客户的人可以在线实时增加网上签约账户。

撤销账户签约是指网上个人银行客户可以在线实时撤销自己网上签约的账户。

● 查询类服务功能。包括账户信息查询、交易明细查询等。

账户信息查询是指网上个人银行客户可以查询已成为网上签约账户的各类账户基本信息，如余额、币种等。

账户明细查询是指网上个人银行客户可以查询已成为网上签约账户的各类账户的各笔交易明细情况。

● 转账类服务功能。包括一卡通卡内转账、转账、银证转账等。

一卡通卡内转账包括定期转活期、活期转定期、活活互转。

转账包括客户本人签约账户之间的转账、对外转账（客户签约账户向本人或他人未签约的账户以及向他人签约的账户做转出资金的交易）。

银证转账包括证券转银行、银行转证券、查询保证金余额及指定资金账户等服务功能。

● 中信理财宝。包括增加理财宝、修改理财宝及撤销理财宝。

增加理财宝是指网上个人银行客户可以指定享受理财宝服务的签约账户（外币账户暂未开通此服务）。

修改理财宝是指网上个人银行客户可以对已经申请了理财宝服务的账户进行新的理财比例调整。

撤销理财宝是指网上个人银行客户可以对已经申请了理财宝服务的账户进行撤销理财服务的功能。

（4）网上银行业务近期规划

网上银行业务分为公司和个人两部分。根据业务性质和对象的不同，应分别确定网上银行业务的指导思想和实施方法。

（i）公司业务

- 发展思路

公司业务的发展经历了柜台、企业终端和网络银行的过程。在前两个过程中，主要是以银行为主动方、企业为被动方，银行提供什么服务企业就使用什么服务。而在现阶段，随着金融行业竞争的加剧，银企双方成为互动关系，银行在提供服务的过程中应充分考虑企业的要求，甚至是企业需要什么，银行就定做什么。开展网上银行业务不能仅仅是将柜台业务转化到网上，必须全面提升服务水平，脱离传统的就交易提流程需求的方法，建立可持续发展的全面的业务模型。同时，除服务内容外，还要充分考虑企业电子化的进展，从而使网络银行与企业的电子财务系统有机地关联。

开展网银公司业务分为两部分进行：通用型和个性型。前者针对的是普通用户，后者针对优质客户。通用型的发展主要是服务内容的完善、数据传递的标准化（如按通用财务软件的数据格式传递银行信息）。个性型除了具有通用型的所有功能，还应体现优质客户的特殊性，主要表现为界面个性化（如在银行界面内嵌套企业财务系统界面和输入格式，方便企业财务人员的操作）、服务的个性化（如集团账户管理等）以及基于 CRM 的动态个性化。

对于公司业务应遵循安全要求重于使用方便的原则。

目前，该行网上银行公司业务的基本功能与其他银行基本一致，与发展较好的银行的差距和分行提出的需求主要集中在服务功能的延伸和个性化功能需求的实现。

下半年工作的重点应放在解决如何快速满足优质大客户的个性化需求。

- 快速实现公司客户个性化需求

快速实现公司客户个性化需求是目前各行网上银行竞争的热点。该行网上银行采用统一的网银中心，所有的业务处理均集中处理，在此情况下，由总行解决全行客户的个性化需求难度太大。

网上银行是银行发展业务的新兴的渠道，所有交易的核心仍是资金的流动，而解决客户的个性化是银行帮助客户完成企业的一部分财务管理，核心仍是资金的流动。因此，总行负责网银交易的标准化和共性问题，分行负责客户的个性化问题；网银中心完成银行业务的完善（逐步增添贷款查询、存单质押等），客户端由分行完成客户的个性需求并将个性化转化成标准的银行业务，充分调动全行的积极性才能从根本上解决好快速实现公司客户个性化的需求。

- 明确区分网银中心和公司客户端的管理权限

网银中心对客户的管理分为操作员和交易数据两部分。对操作员应只管理向银行确定交易的操作员，如同传统柜台只验证客户予留印签，而不管单据的制作过程。对交易数据应只管理客户完成所有制单程序并确认后正式向网银提交的数据。

客户端完成对客户内部操作员、向银行发出交易请求之前以及所有历史交易数据的管理。对内部操作员的管理包括增减操作员、操作权限、业务种类等。对数据的管理包括数据维护、分析和统计。

目前该行无偿使用 CFCA 的证书，但证书的有偿使用必定是一个趋势，且证书特别是高级证书的使用费用将会是一个不低的数字（300～500 元/年），无论由客户还是银行承担，都是不小的费用。因此，网银只向与银行发生关系的客户操作员发放证书，而不向客户内部操作员发放。同时应尽快解决使用 IC 卡存放证书问题。

（ii）零售业务

- 发展思路

零售业务的银行端发展经历了从单一柜台服务到多渠道（自助终端、电话银行和网上银行等）服务，从单纯的银行业务到中间业务的过程。网上零售业务的发展应着重于申请使用的方便、界面的友好、操作方便快捷、服务内容的丰富和基于 CRM 的个性化服务。

对于零售业务应根据业务种类的不同确定不同的安全设计，但总体应遵循操作简单、快捷的原则。

下半年工作的重点应放在界面的友好、操作方便快捷、在适当的时机向社会推出和配合零售业务部大力推广银证转账业务。

- 使用网上个人业务的方便性

零售业务面对的是大众群体，客户素质参差不齐，发展业务又不能提供一对一的服务，因此，发展网上零售业务的基本出发点应是方便性。使用网上零售业务的方便性包括两个部分：操作的方便性和进入的方便性。操作的方便性主要表现在操作界面简单明了、交易页面逻辑清楚简单、点击次数尽量得少；进入的方便性是指客户可方便地成为网银用户，目前该行网上银行需在网点申请并领取 CFCA 证书后才能成为网银客户，门槛较高。应细分业务，将客户分为使用证书客户和一般客户，一般客户不需要证书，可完成查询、固定账户间转账、代交费等安全隐患较小或可控制资金流向的交易。使用证书的客户可完成网银提供的所有交易。

（5）开展电子商务网上支付和网上银行业务时遇到的困难和障碍，需要中国人民银行解决的问题

（i）遇到的困难和障碍

- 中国电子商务发展面临的最大问题是商业信用和流通体系，而且这两点在我国都不可能马上解决。信用问题是整个社会问题，现代流通体系美国早在 50 年代就已经完成，而我们直到今天还没有一个大型的流通企业，这增加了电子商务的流通成本。在体制、法律、信息化基础、收入水平和文化方面也都存在相当大的差异和不足。

- 电子商务的蓬勃发展是基于网络的迅猛发展。虽然我

国近年来网络发展速度很快，但规模有限，通信设施落后。网络的吞吐能力非常有限，缺乏大容量、宽频带的网络。但是企业以及个人对网络的需求很大，而网络业务由电信部门专营，所以企业租用线路费用相对较高，而且个人上网的费用也很高。电子商务的一个优越性在于降低交易成本，使交易顺畅地进行。而我国个人上网收费过高，无法忽略，增加了个人消费者的交易成本，个人获取商品的成本除了购买成本以外还要加上不低的通信成本，另外购买成本里面将有一部分是企业的网络费用分摊。

• 由于在网上不是客户与银行面对面地办业务，万一出现纠纷，解决起来很麻烦，担心信用卡密码会被人盗用。客户的这些顾虑也是制约网上支付和网上银行发展的一个重要因素。

• 网上银行在利用因特网公共资源的同时也有可能暴露出银行系统中的某些弱点，从而让那些电脑“黑客”有机可乘。

（ii）需要中国人民银行解决的问题

• 建议由中国人民银行牵头构建公共支付网关，把传统的清算中心搬到网上来，降低各商业银行介入网上支付的门槛。

• 中国人民银行对网上银行的监管应把重点放在系统安全上。

• 在现有的法律法规基础上，抓紧制定更全面、更完善、成系统的规章制度，以便商业银行在网上银行经营过程中能够尽早做到有法可依、有章可循。

（6）对电子商务网上支付和网上银行发展前景及发展趋势的总体看法

电子商务的应运而生及其快速增长，不仅意味着商业机会的大量增加，还意味着一种崭新的全球性网络经济时代的来临。随着上网人数及网上买卖的急速增加，互联网正在逐渐成为一个真正的全球性的“新兴市场”。虽然它的发展过程中有曲折，有迂回，但它光明的前景是不可质疑的。

（i）电子商务的发展——现代企业不可不参与的“游戏”。随着世界经济的多极化、区域化、全球化和国际贸易自由化的发展，电子商务的影响已逐步渗透到社会经济的各个环节，对传统的企业组织形式、管理模式、经营方式、贸易活动和营销观念等多方面提出了有力的挑战。任何公司要想不断扩大其市场影响，增加其市场份额，提高其盈利水平，保持其竞争优势地位，就必须加入电子商务。

（ii）金融业与信息网络产业一拍即合。一方面，高风险的高科技产业的融资需求难以由政府财政有效满足，而需要由能够承担高度风险的金融市场活动来配合。另一方面，信息网络技术的发展虽然对社会经济的各个方面都具有广泛而深刻的影响，但金融活动与其他经济活动相比更容易信息化，更适合于借助计算机网络进行，同时，金融部门更有经济实力保证信息网络技术设施的更新换代。

（iii）网上银行实现了社会对资金流快速、高效的企望。

网上银行业务具有以下特征：银行业务操作前台为客户的个人电脑、无线通讯终端等智能设备；银行业务要通过因特网或其他公用信息网才能向客户提供；网上银行业务的内涵仍然是以银行服务为核心，但已经向其他领域渗透。

网上银行业务具有以下优势：可以不受时空限制，随时提供金融服务；极大地提高工作效率；大幅度降低成本。

网上银行的特征和优势，注定了它的强大的生命力。可以预见，在不久的将来，网上银行必将带动银行业的一次全面革命。

7. 中国光大银行有关情况

（1）电子汇兑系统、银行卡系统发展历史和现状

中国光大银行（以下简称光大银行）从 1998 年 4 月 7 日起经中国人民银行正式批准开办银行卡（阳光借记卡，即阳

光卡）业务，1999 年 2 月 1 日在北京、上海、重庆、深圳四个城市陆续开始发行阳光卡。1999 年 10 月 14 日正式加入 Visa 国际信用卡组织，成为 Visa 组织 PLUS 发卡和收单会员以及 Visa Travel Money 发卡会员。2000 年 8 月，光大银行还获得中国人民银行批准发行国际卡。

光大银行在借鉴国内外诸多发卡行经验的基础上，率先采用了国际同业中最先进的大集中账务系统，所有客户资料、账务信息和商户等数据资料统一集中在总行的主机上，给阳光卡发展提供了一个十分广阔的发展空间。阳光卡是集储蓄存款、购物消费、转账结算、贷款融资、国债买卖、个人理财、炒股炒汇、代缴费用、电子商务等多种功能于一身的全国联网通用的多功能电子化金融工具，它具有一卡多币种、多储种、多账户等特点。阳光卡系统将光大银行遍布全国的营业网点、自助设备、POS 终端、电话银行以及网上银行连为一体，打破了时空和地域限制，目前，通过大集中阳光卡账务系统及与金卡、国际卡组织的连接，光大银行不仅实现了全国 37 个城市畅通无阻，实时到账，而且为下一步走出国门和全球通用也打下了坚实的基础。

光大银行 2000 年正式投产运行的收付清算系统是在考察了纽约票据收付清算系统（CHIPS）和联邦储蓄清算系统（FEDWIRE）后，吸取了这些清算系统的优点，建成的一个具有“集中开户、实时清算、透支控制”特点的实时资金清算能力的系统，为全行本外币资金异地代理业务和信用卡业务全面开展提供了基础。

光大银行还于2001年5月推出了对公结算全国“一柜通”业务，即在光大银行开立活期存款账户的对公客户，使用安全码可在光大银行任何一个对公营业机构办理转账结算业务、代理现金收入业务。全国“一柜通”与传统的结算方式相比，优势十分明显，它突破了对公结算在时间和空间上的限制，打破了对公业务必须到开户行办理的常规，实现了在一个网点开户、在任何网点办理业务并瞬时到账的功能，真正做到“打破时空界限，全国结算无在途”。

（2）网上银行业务发展现状与近期规划

光大银行作为新兴的商业银行之一，积极采用新技术武装和改造业务系统。在网上银行业务发展中也是如此。早在1997年、1998年，光大银行就开始采用Internet技术进行企业银行的尝试，并一直关注国内外网上银行的发展。1999年6月，光大银行正式立项开发光大银行网上银行系统（以下简称光大网银）。经过近半年的努力，在1999年11月底，推出了网上银行第一个版本，并在北京地区进行试用。2000年4月，光大银行又推出第二个版本，并在广州分行进行试点，交付实际客户使用。与此同时，光大银行还率先推出基于WAP的手机银行。2000年9月，经过改进和完善的第三个版本开始推广，经过逐步改进，光大银行的网上银行在稳定性、安全性、可靠性方面逐步完善。

截至2001年6月底，全行共有32个地区分支机构开展网上业务，已有对公客户4 080家，交易金额近45亿元人民币。另外，配合光大银行推出的对公“一柜通”业务，提供了网上“一柜通”功能，客户无需到银行柜台，在自己的办公室里即可进行实时的转账操作，尤其是企业集团可以利用光大银行“一柜通”和网上银行建立起总公司的账务结算中心，达到主动扣收或母子公司间资金实时划拨。

从2000年11月开始，随着阳光卡等各项业务系统的完善，光大银行开始网上私人业务服务功能的开发，到2001年4月底，已经开发完成十大类、二十余种功能。光大网银在功能方面已赶上，甚至在某些方面已经超过了国内先进行的步伐。

目前对私业务已实现以下十大类功能，即申请类（包括网上阳光卡申请、挂失申请等）、查询类（阳光卡、储蓄账户余额与明细）、转账类、外汇买卖、国债买卖、小额质押贷款类、网上购物、留言与挂失类及管理类功能。网上证券交易（银证通）功能也已于近日开通运行。

特别地，网上对私业务转账类功能包括：卡折互转，卡卡转账，存折账户的活期转活期，活期存折账户和定期一本通的定活互转，卡内主账户与卡内整存整取、零存整取、整存零取、定活两便的互转，卡内同币种不同账户类型的外币活期转账。

为满足将来业务的发展需要，光大银行对系统进行了规划，未来的光大网银将成为一个综合性的电子服务网络系统，它将具有多方面的优势，包括：提供多种交易渠道、满足多种服务需求、联通多种外部单位、支持多种支付方式。同时它还将具备高安全、高可用、高性能、可伸缩、易管理、开放性、连通性等素质。

（i）提供多种交易渠道

如通过PC加浏览器方式、手机上网方式、个人数字助理（PDA）、掌上电脑、交互电视以及可入网的电话机、信息查询机（Kiosk）以及呼叫中心等进行银行交易，或者通过金融门户网站接入银行进行交易。

（ii）满足多种服务需求

除了传统的银行业务如储蓄、对公等外，还将包括股票交易代理、个人外汇交易、代理保险业务、债券交易代理、购买彩票等。

（iii）联通多种外部单位

主要包括CA、其他第三方机构、商户及合作伙伴等。具体有CFCA、其他CA、路透报价、交易所、电子商场、民航、物业管理公司、公用事业单位、证券公司、保险公司、其他银行、金融门户网站等。

（iv）支持多种支付方式

应支持基于实体银行卡的结算，如阳光借记卡、贷记卡结算；还可支持虚拟卡结算、银行账户结算、电子支票、电子钱包、电子邮件支付等。

根据上述要求，光大电子服务网络系统将由以下四大部分组成：用户交易服务渠道、CA认证中心及其他第三方机构、商户及其他合作伙伴、电子服务平台系统。其中银行电脑系统包括内外部防火墙、电子服务平台及银行业务系统，电子服务平台是整个电子服务网络系统的枢纽，它将包括连接各种交易渠道的转换或网关机制、交易负载平衡机制、交易路由管理及分配机制、与呼叫中心（Call Center）的联结、目录服务机制、客户关系数据仓库及客户关系管理（CRM）、后台交易管理机制等。

（3）电子商务网上支付开展情况及近期规划

在 B2C 网上购物方面，客户可以通过光大银行网上银行进入网上支付，可以与商家实现多种支付网关接入方式，使客户可以阳光卡为载体，在网上选购自己喜欢的产品后，即可通过阳光卡进行在线实时付账。

（4）手机银行业务发展现状与近期规划

在服务渠道方面，光大银行于 2000 年 4 月在其他银行均采用短信息方式开展手机银行或移动银行业务的情况下，分析了移动通信发展的趋势，在国内银行同业中率先开通了支持上网协议的 WAP 手机银行，提供账户查询、银证转账等真正的移动银行功能。

2001 年光大银行又不断丰富和完善已有的移动银行系统，很快增加卡折账户余额查询、卡折转账、个人外汇买卖、银证通功能。光大移动银行具有以下优势：

- 通用性：符合标准，适用于多种手机，无需更换 SIM 卡。
- 交互性：采用 WAP 无线上网，交易过程更直观、生动。

- 联通性：可以联结其他银行和网站，具有开放的联通能力。

（5）开展电子商务网上支付和网上银行业务时遇到的困难和障碍，需要中国人民银行解决的问题

（i）个人信用体系的建立是银行实现网上支付 B2C 结算的基础

从网上支付的过程看，商业银行依然是提供支付结算的中介，在整个过程中如何建立个人—商家—银行三者的信任关系，如何确认各个交易环节的交易真实性、一致性、安全性和不可否认性，只有建立一套全社会自然人的信用机制，如同银行采用实名制存款一样，中国人民银行要在电子商务发展的初期呼吁国家有关部门建立和完善个人信用体系，使得像 CFCA 等有行业性代表的第三方认证机构能够通过授权机制合理共享个人信用资源，以达到真正完成个人电子交易并使电子签名等技术手段合法化。

（ii）制定符合网上交易安全等级要求的行业标准与规范

鼓励商业银行通过自身的优势，在我国加入 WTO 前后几年的时间里，通过鼓励试点等取得与国外先进的电子银行业

务同步创新的商业银行电子交易管理经验。

在对公结算方面中国人民银行要加大力度，统一建立企业信用等级评估或统计系统，结合国家工商行政部门对企业的注册登记管理，使得这些资源在网上可被各家商业银行分享，以便获得全社会与个人信誉相同的企业信誉登记资料。

统一制定适合电子化处理方向的全国各家商业银行的联行号标准，使得各行在没有实现行际对公转账自动处理前，能够先期通过标准识别对方开户行的行名或行号是否有误，以便客户能够实现在线辨别是否汇入行有误或者识别银行账户的真伪，为真正意义上的联行实时资金清算和各行间企业电子结算提供基础。

（6）对电子商务网上支付和网上银行发展趋势的总体看法

光大网银的发展，将促进光大银行不同系统、不同业务的横向沟通与整合。世界著名的咨询公司安达信公司在不久前曾做过一个调查，发现很多金融机构对于发展网上业务存在误区，其中之一就是认为网上银行只是传统业务渠道方面的扩展。

实际情况是，网上银行为各种业务和系统的整合提供了一个非常理想的平台，这种体会在发展光大网银的过程中越来越强烈。例如，在网上银行上，客户可以看到其各种账户的信息，像活期、定期、国债、信用卡、电子钱包、贷款账户等，这在以往的系统中是很难实现的。

网上银行的方便性、直观性和灵活性使得用户提出的需求更加多样化，如客户希望通过网上银行进行银证转账甚至股票交易、外汇买卖、电子购物、支付账单、电子汇款等。从网上外汇买卖来看，它集成了信息查询、账户查询、外币储蓄、买卖交易、个人理财为一体。而且比电话方式、柜台方式更有吸引力。

电子商务呼唤网上支付的出现和迅速发展；网上银行作为银行的服务渠道的延伸在国内正方兴未艾；各家银行已经纷纷把传统银行服务功能全面延伸到经营成本低廉，提供无地域和时间界限的 Internet 和其他手段的电子银行服务；银行服务的方式越来越多，服务质量越来越好，以客户为中心的真正意义的银行服务体系将逐步形成；在此基础上，银行将有精力把适合自动化处理的业务通过网上银行等电子银行渠道不与客户见面全部完成，在集中统一的账户资源基础上，新的计算机系统数据分析、挖掘工具的运用将使银行能够更有效地在网上为客户提供个性化分类服务；银行业务人员的综合理财素质将会提高，顾问咨询队伍将会扩大。

网上银行的发展除了利用无处不在的网络为客户提供低成本、少支出的服务之外，最终会使银行在为客户提供支付结算、专业化的综合金融服务中获得丰厚的利益回报。

8. 华夏银行有关情况

华夏银行自 1992 年建行以来，一直重视银行电子化建设。尤其是 1998 年以来，电子化建设力度进一步加大，不仅相继开通了全行电子汇兑系统和华夏银行卡系统，而且网上银行建设发展迅猛，势头良好。“科技兴行”战略得到有效实施，“小银行、大网络”格局初步形成。

（1）电子商务基础设施建设现状

华夏银行于 1998 年 11 月开通华夏银行卡业务系统，实现了全行华夏卡实时到账和全行通存通兑。华夏卡除具有存取现金、商户消费基本功能外，还具有一卡多户、一户多卡、约定转存、积分计点、交易限额管理、预授权等特色功能。发卡两年来，全行已有 17 家分支行加入了当地城市的金卡工程，实现了异地跨系统消费。至 2001 年 4 月，已发行华夏卡 420 万张。

同时，华夏银行还于 1999 年 7 月开通了电子汇兑系统，在全国范围内实现系统内汇兑实时到账，系统外汇兑 24 小时到账，为华夏银行电子商务建设打下了良好的基础。

（2）网上银行业务发展现状与近期规划

根据二次创业的总体规划，从2000年7月开始，华夏银行加快了电子化建设步伐，着手开发建设网上银行。华夏银行网上银行项目的总体目标是：力争用两至三年的时间建立起一个能够提供全方位、多元化金融服务的网上银行系统，争取成为国内最好的网上银行之一。

华夏银行网上银行分为实体和虚拟两部分。实体部分主要指传统的营业机构网点、ATM、POS和自助银行系统等，虚拟部分主要有网上银行、客户服务中心（Call Center）及内部企业网等。虚拟银行可以实现传统银行除现金交易外的大部分功能。华夏银行网上银行虚实结合，网上、网下遥相呼应，构成一个能在任何时间、任何地点、以任何方式为客户提供服务的高科技型银行系统。

目前，华夏银行已搭建起全行的网上银行系统基本框架，网站（www. hua-xiabank. com、www. hxbank. com. cn）已于2000年10月18日推出，全行17家分支行客户服务中心也全面开通，客户关系管理系统正在全行推广，网上企业银行已开通了信息窗、查询功能、资金划转、代发工资、账户控制设置、网上集团客户服务功能、预约交易、支票挂失功能，网上个人银行也已开通账务查询、网上交易查询、缴费、挂失、修改密码、约定转存等主要功能，银证通业务已开通，全行已有多功能型自助银行 197 家。

近期的规划是在现有业务功能的基础上，不断增加新的功能，使其发展成为能够提供一站式服务的“网上金融超市”，包括炒股、炒汇、代理保险、自助贷款和缴费等功能，逐步把华夏银行网上银行发展成集银行服务、投资理财、信息服务、电子商务于一体的网上社区。

（3）电子商务网上支付业务近期规划

按照华夏银行网上银行项目规划，华夏银行将在网上银行、客户服务中心、客户关系管理系统稳健运行的基础上，利用国际通用的网络交易安全技术开通支持网上 B2B 支付业务功能和多功能 IC 卡业务；将传统银行业务逐步网络化，以客户关系管理为核心，为客户提供个性化服务，为华夏银行金融产品创新提供技术平台；利用 2 至 3 年的时间逐步向网络虚拟银行过渡，建立一个提供银行结算、电子商务和多元化金融服务的网上银行系统。

（4）手机银行业务近期规划

手机银行业务是用户通过 GSM 移动电话网络，可以将自己的手机与银行信息系统相连接，从而利用移动电话手机办理各种银行业务。华夏银行手机银行项目计划能提供的服务主要有两大类：一是信息类服务，包括查询利率、汇率、账户余额、账户明细等，银行还可以向用户发布金融信息；二是交易类服务，如实施该行或跨行转账，交付电话费、手机费和水电费等，进行股票交易、外汇买卖以及其他电子交易等。项目的进展将追随该行网上银行建设进度。

（5）开展电子商务网上支付和网上银行业务时遇到的困难和障碍

华夏银行网上银行建设所面临的困难也是国内金融业和电子交易参与方共同面临的难题。我国正处于电子数据交换和电子交易的起步阶段，规范电子交易的法律环境、应用环境、安全环境、管理措施、受众意识和接受程度都影响着网上银行的快速发展，网上银行在逐步带来巨大商机的同时，也向银行界提出了严峻的挑战。

华夏银行在建设网上银行过程中遇到的最大困难首先是法律问题。目前，国内对于网上交易没有法律规范，网上交易的合法性受到质疑。银行和客户的利益得不到法律的保护。为此，建议尽快制定相关的法律、法规，促进网上银行业务的规范、快速发展。

其次，建议中国人民银行尽快帮助解决网上交易的跨行清算问题。目前的跨系统网上交易必须“落地”下网，走传统的跨行清算路径，限制了网上交易的速度，制约了网上银行业务的发展。

（6）对电子商务网上支付和网上银行发展前景及发展趋势的总体看法

互联网的出现正在迅猛地改变着整个世界，作为网络时代的产物——网上银行也应运而生。建立在计算机通信技术基础上的网上银行、网上支付、网上货币、网上清算等新的金融形式，将冲击和改变传统的金融形式和金融理念，这就要求我们必须牢牢抓住电子网络化发展给金融业带来的机遇，把握电子网络时代的新形势和新特点，加快网上银行的开发和建设。

网上银行是电子商务中不可或缺的重要环节，是联系生产企业与商户、商户与消费者的重要桥梁和纽带。同时，电子商务又是推动网上银行发展的动力源泉。二者相辅相成，相互制约，相互促进。在电子商务发展较快的地方，如美国、日本以及欧洲的一些发达国家和地区，网上银行业务发展较快。尤其是美国，由于其良好的技术基础、银行业的热衷参与和大众对电子商务的认可，相当多的传统银行业务已被移植到网上，同时又产生了不少适应网上交易的诸如电子钱包、电子支票等新型金融产品，为金融界开辟了一个崭新的领域。

在国内，网上银行业务尚处于起步阶段，无论从服务品种还是从业务数量来看，在整个银行中的分量都是很轻的。同时，由于我国在硬件设施、上网人数、法律法规等方面的欠缺，网上银行的高速发展尚困难重重。但各家银行普遍认为，网上银行的发展是大势所趋，而在市场尚处于幼稚期时进入成本要比市场成型期低得多，其潜在利润也就大得多。因此，当前的主要任务是主动融入并占领市场。

总之，在知识经济和网络时代的今天，随着经济全球化、金融国际化形势的发展，银行间竞争将更多地表现在服务质量、服务手段和金融创新上，尤其是在网上银行上，发展网上银行是大势所趋。

9. 招商银行有关情况

互联网技术的发展对人类社会经济生活产生了巨大影响，使传统商业银行的经营理念和经营方式受到强烈冲击。互联网为银行提供了新的服务渠道，越来越多的传统银行业务被搬上了互联网，同时电子商务的出现也为银行业务发展展现了新的空间。

1997年招商银行推出了网上个人银行1.0版，经过4年的发展，招商银行建立了由个人银行、企业银行、网上商城、网上支付、网上证券五个系统组成的较为完善的网上银行服务体系，招商银行“一网通”已成为国内金融服务领域的知名品牌。下面简单介绍招商银行支付系统、网上银行、手机银行的业务发展情况。

（1）电子汇兑系统发展情况

招商银行电子汇兑系统1.0版本于1998年9月投入使用。电子汇兑1.0版本实现了资金汇划、查询查复、联行对账、汇差监督、联行计息五项主要功能，业务处理实行“权限控制、实时传输、分级检查、集中处理”，联行业务信息的录入、复核、编押采用录入员、复核员、加押员IC卡进行权限控制，由系统自动编押和核押，形成了一套完善的业务安全管理体系。电子汇兑系统的推出为招商银行系统内资金汇划提供了方便、快捷、安全的通道。1999年10月电子汇兑系统推出2.0版本，实现了与国际结算、储蓄、信用卡等多个业务系统的无缝对接，为上述业务系统提供资金清算的自动化处理。

电子汇兑系统发展到2.0版本，已经基本满足系统内电子联行的业务需要，但是网上银行业务的快速发展对电子汇兑系统提出了新的要求，由于网上银行的异地汇款业务提交到后台时缺少部分电子联行业务要素，此类业务需要代理行人工干预才能提交到电子汇兑系统处理，影响了业务处理的效率。2000 年 5 月电子汇兑系统推出了 3.0 版本，与网上银行系统实现自动对接，取消了代理行的人工干预环节，实现了网上银行资金汇划的即时到账。

（2）网上支付业务开展情况

招商银行网上支付为招商银行“一卡通”持有人提供网上消费的在线结算服务，一卡通用户可以使用一卡通网上支付专用子账户或者一卡通活期账户两种方式进行网上支付。

招商银行网上支付项目于 1997 年初启动，当时国内网上支付业务尚处于空白状态，招商银行在网上支付的业务模式和系统设计方面借鉴了国外同业的经验，经过一年的准备，1998 年 4 月，基于 SSL 的网上支付系统在深圳地区开通运行，招商银行与深圳天虹商场合作，开通国内第一家提供网上支付服务的网上商店。一卡通用户申请开通网上支付功能后，使用一卡通客户号下的网上支付专用子账户进行网上支付，网上支付每日消费限额 1 万元。网上支付在推出的初期，用户只能在本地的网站上消费，因为服务范围的限制，网上支付业务增长缓慢。1999 年 7 月，招商银行网上支付实现了全国联网，一卡通用户可以在全国任何支持招商银行网上支付的网站付款消费。实现全国联网后，网上支付业务一直保持着快速增长的势头，截至 2001 年 6 月，招商银行网上支付的用户数超过了 28 万户。

由于每日消费额度的限制，基于 SSL 技术使用网上支付专用子账户的网上支付服务无法满足客户网上大额消费的需求，为了填补网上大额消费市场的空白，招商银行于 2000 年 9 月推出了基于个人数字证书的网上支付服务，基于个人数字证书的网上支付使用了数字签名技术，可以为大额网上消费提供足够的技术安全保证。所有个人银行专业版用户只要申请了网上支付功能即可得到此项服务，用户使用一卡通活期账户直接进行支付，每日消费限额由用户自行设定。基于个人数字证书的网上支付推出后，有效地满足了网上大额消费用户的需求，发展了一批高质量的用户，网上支付的交易量也得到大幅提高。

招商银行网上支付业务一直保持着良好的发展势头，截至 2001 年 6 月，招商银行网上支付业务的签约商户数达到了 513 家，覆盖了全国 95% 的主要电子商务网站，取得了良好的效益。

（3）网上银行业务发展状况

招商银行自1997年4月开通银行网站以来，陆续推出了面向个人和企业客户的各种网上银行服务，到目前为止，已经形成了由企业银行、个人银行、网上支付、网上商城、网上证券五大系统组成的比较完善的网上银行服务体系。

（i）企业银行

招商银行企业银行于1998初投入试运行，1999年9月完成了全行推广，目前企业银行已升级到3.6版本，能够为客户提供金融信息查询、账务信息查询、内部转账、对外支付、代发工资、银行信息通知、人民币信用证、集团公司网上结算中心等十多项服务。

企业银行集团公司网上结算中心服务支持企业集团的集中账务管理，实现了企业资金汇划的即时到账，大大提高了企业资金运用的效率，人民币网上信用证服务为大型企业的B2B电子商务提供了在线结算服务，银行信息通知服务可以为企业提供指定信息的实时通知服务。在网络技术的支持下，招商银行对公服务水平取得了质的飞跃，企业银行也受到广大用户的普遍欢迎，截至2001年7月，企业银行客户数达到22 000家，累计交易100万笔，累计交易金额达15 000亿元人民币。

（ii）个人银行

网上个人银行系统是招商银行为个人客户提供的网上理财服务系统。招商银行自1997年4月推出个人银行服务以来，功能不断增加，目前该系统提供的服务包括账务查询、转账、挂失、财务分析、网上缴费、网上支付卡申请、支付卡理财、个人消费贷款、银证转账、国债买卖、外汇买卖等十多项服务，形成了较为完善的网上个人银行服务体系。招商银行网上个人银行分为大众版和专业版两个版本。

大众版基于浏览器，对用户端的技术要求比较低，用户无需办理申请手续就能使用大众版的功能。大众版的特点是使用方便，面向个人银行的普通用户，用户覆盖面较大。大众版不支持数字证书，不能实现交易的数字签名，为了控制业务风险，大众版不提供第三方转账、大额网上支付等高风险的业务。

个人银行专业版于2000年9月推出，目前已经升级到2.0版本。个人银行专业版使用了个人数字证书，实施了更严格的安全机制和强化的安全算法，专业版可以为高风险业务提供足够的安全技术保证，在此基础上，个人银行专业版推出了第三方转账、大额网上支付、个人业务功能申请和额度管理服务。个人银行专业版主要面向网上银行的活跃用户群以及对个人现金管理要求较高的客户群，这部分用户交易的频度比较高，能够为银行带来比较好的经济效益。专业版推出后，取得了良好的市场推广效果，截至2001年6月，专业版用户数已经达到9万户。

（iii）网上商城

目前招商银行网上签约商户数达到了513家，招商银行的网上商城系统主要实现了两个功能：一是为招商银行所有特约商户提供分类列表查询、网站链接服务；二是提供网上商店的托管服务，自身没有条件建立网站的商家可以在招商银行的网上商城系统中建立自己的网上商店，商家只需要一台上网电脑，经过简单的培训，即可建立一家网上商店。

（iv）网上证券

招商银行网上证券系统是招商银行联合证券公司共同开发的证券交易代理服务系统，以“银行管资金，券商管股票”的方式向用户提供证券交易服务，客户可以直接使用一卡通或存折账户作为证券保证金账户进行股票交易，招商银行网上证券系统同时提供行情分析、代理收单、资金清算、市场信息等多项服务。

（4）手机银行业务的发展现状

招商银行是国内首家推出手机银行服务的银行。1999 年 10 月招商银行与广东移动通讯有限责任公司深圳分公司合作开发基于移动短消息的手机银行系统，2000 年 1 月在深圳正式投入使用，2000 年 5 月，招商银行在全行 25 个城市推出了手机银行服务。手机银行能够为客户提供账务查询、证券交易、外汇买卖、自助转账、自助缴费、理财秘书等多项服务。手机银行的推出不仅为银行提供了一个新的服务渠道，同时也为银行的个性化服务提供了良好的技术条件。

（5）开展电子商务网上支付和网上银行业务时遇到的困难和障碍

在国内电子商务发展过程中，整个外部环境尚不完善，参与电子商务的企业的内部条件也需要进一步改进。

网络基础设施建设有待加强，网络环境需进一步改善。公共网络是网上银行的基础，目前国内的网络带宽不足，网络运行不稳定，上网速度慢，这些方面的因素严重影响了网上银行的使用效果，另外，电信部门的收费过高也是制约网上银行业务发展的因素之一。

企业本身的电子化程度不高，影响了企业使用网上银行的积极性，也限制了企业充分利用网上银行的功能。目前网上银行只能使企业和银行间的交流变得更方便，尚未能够渗透到企业内部的管理系统。

国内传统支付结算网络不能有效满足电子商务对于支付结算的要求，目前中国人民银行牵头组织的中国现代化支付系统的建设将对电子商务的发展起到积极的推动作用。

网上银行对传统银行的经营理念、内部管理制度、运行机制提出了挑战，国内商业银行必须在信息系统建设、流程重组、风险控制、业务管理方面进行积极的调整，才能适应网络经济发展的需要。

商业模式和监管法律不成熟影响电子商务的发展。目前电子商务所能取得的直接收益十分有限，如何培育客户有偿享受网上服务的观念，建立相适应的盈利模式是电子商务在发展过程中值得探讨的问题。目前国内涉及互联网服务领域的相关法律不够完善，监管手段滞后于业务发展，尽快建立和完善相关法律框架将对电子商务的发展起到积极的推动作用。

虽然电子商务和网上银行发展的外部环境存在许多不足之处，网络经济也从高速发展阶段进入了调整时期，但是整个互联网行业仍然充满活力，越来越多的传统企业用上了互联网，电子商务和网上银行的发展前景是光明的。

10. 广东发展银行有关情况①

(1) 电子化基础设施建设情况

广东发展银行建行十三年来，始终重视科技兴行，电子化建设成效显著。已先后实现了从微机到主机、从单机到联网乃至全国联网、从简单业务处理到综合信息管理的发展历程，并推动了业务品种的不断创新。跨地区通存通兑业务自开办以来深受客户欢迎，到 1999 年 9 月，实现了 AS/400 主机系统的百分之百的网点覆盖，全行五百多个营业网点全部联网，基础业务系统已形成，并覆盖了该行的全部营业网点，全行现有 15 个计算机中心、35 台 AS/400 主机，有 260 台 ATM 在各分行投入使用，近 50 台现金循环系统 CRS 在广州、深圳、郑州、杭州、南京、东莞、珠海等投入使用。目前单就总行运行中心而言，每天处理的各种交易达 10 万笔左右，支持全行网点 280 个、分行 12 个（包括总行），2001 年计划将 6 家分行并入总行运行中心。目前已形成了一个全行高度集中和统一的网络架构。

广东发展银行的电子化建设在行领导的关心和支持下，在全体科技工作者的共同努力下，经历了从无到有、从单纯开发到不断完善和创新的不平凡的过程，它的发展大致经历

---

① 银行名称以成稿时名称为准。

了三个阶段：

（i）第一阶段：基础建设阶段（1989 年至 1996 年）

在此阶段，科技部的主要工作重心是建立该行的基础网络架构及主要业务系统，其中包括：

- 银行业务综合应用系统

综合应用系统是以 IBM AS/400 作为网管机和分/支行节点机，以 X. 25/APPN 为通信方式的三级集中分布式网络组织。业务应用范围覆盖广东发展银行的所有传统银行本币业务，与国内外金融电子网络有良好的接口，到目前为止仍然是该行主要的中心处理系统。

- 信用卡电脑管理系统

信用卡电脑管理系统是在 IBM AS/400 上成功开发并已全面投入使用的信用卡业务应用系统。该系统完全按照国际信用卡业务处理流程而开发，具有处理国际标准信用卡收单业务及发卡业务的能力。系统支持广发行的广发信用卡、转账卡，采用国际标准磁道信息格式，是我国境内银行发行的第一张真正的信用卡。具有现代化的自动授权系统，实现了与 Visa 和 MasterCard 国际信用卡组织的授权清算网络联网，并与 Visa 组织的全球性自动柜员机网络联网，填补了当时国内的空白。系统具有完善的风险控管功能，能自动检查特约商店及持卡人可以的欺诈行为。在安全方面，系统设置安全管理系统加强安全控管，并采用硬件加密匣产生密钥，对关键信息进行加密、解密及核对。

- 多币种对公会计账务处理系统

该系统是当时外汇业务的中心处理系统，能提供多种查询方式及管理报表。该系统的主要特点有：设立主管授权制度、实现资源共享、价格性能比较高、安全保密措施完整、程序模块结构合理、可维护性好等。

（ii）第二阶段：普及推广阶段（1997 年至 1999 年）

1997 年是该行的应用推广年，在不断优化各基础业务系统功能的同时，更大力推广各应用系统，支持各分支行上线运行。更致力于电脑分中心的建设。在严格执行“统一规划、统一设备、统一软件开发、统一信息标准”“四统一”原则的前提下，相继成立了 16 个电脑分中心。这阶段推出的主要业务、管理系统包括：

- 广发 ATM 卡消费系统

该系统的成功开发使该行的提款卡能用于消费，推出了广发港币卡。1997 年 12 月 28 日，该行首批加入广东省 POS

直联网，广发信用卡、广发 ATM 卡均可在广东银联（GNET）网上的任何一台 POS 机上使用，继续保持该行在跨行联网方面的领先优势。

- 管理信息系统

MIS 系统具有对 AS/400 等应用系统进行数据采集、汇总、统计功能，适合于财会和资金部门。该系统的全面投产标志着该行的管理水平进入了一个崭新的阶段，实现了全系统业务经营状态的动态反映，为该行的经营决策、管理规范奠定了基础。

- “四合一”客户服务系统

该系统具有语音电话、传真、图文电话、客户终端功能。拥有其中任何一种设备的用户可办理客户服务开户，在银行授权范围内，进行查询、办理挂失、转账和代缴费等业务。

- CRS 现金循环系统

该系统支持该行的理财通卡、信用卡及他行的 Visa 卡，可提供多种查询、自动转账、提现、存款等服务，能实现现金实时存取、实时入账，其循环技术、多张票币的存入技术、防伪识别技术等均为全国首家推出，是先进的自助银行系统的组成要件之一。到目前为止，已有近 50 台 CRS 在广州、深圳、郑州、杭州、南京、东莞、珠海等投入使用。

- 新信用卡系统

1999年11月，新信用卡系统全面升级上线，除了延续旧系统的功能外，还实现了多银行架构，支持总、分、支行三级清分，是全国首个分支机构可自行发卡的贷记卡系统。另外，新系统支持在行内的ATM上使用CIRRUS卡（M/C的借记卡），进一步巩固该行国际卡的形象。新系统还支持卡片的ATM余额查询、修改密码和转账交易，增加了黑名单管理系统等多项功能。

- 加入全国银行卡信息交换总中心

1999年7月，该行加入全国银行卡信息交换总中心入网系统，并开通交易，成为第二家加入全国银行卡信息交换总中心的银行。该行的银行卡均可在总中心的所属网络、银行等的POS、ATM上消费或提款，使一卡走遍全国变为现实。

- 电子汇兑及清算系统

1999年11月，电子汇兑及清算系统全面上线推广，该系统实现了该行联行往来的电子化和电子汇兑、通存通兑、广东网及地区网、券银通、代缴费、信用卡等跨行业务的资金清算仲裁、清差、对账的自动化。

（iii）第三阶段：发展规范阶段（2000 年至今）

2000 年，全行加大了对电子化建设的投入，进行了总行电脑中心 AS/400 系统的升级和调整、全行主干网络和分布网络的改造，进行了网络安全改造的试点。完善了科技设备管理的招标制度，形成了比较规范的适合该行情况的招标办法。该行更充分发挥科技优势，支持业务拓展，成功地推出了一系列有竞争力的拳头产品：

- 广发理财 IC 卡系统

该系统以中国人民银行规范为基础，在实现 IC 卡金融功能的同时，还可根据需求灵活增加其他专项应用，并以此为基础实现了社保 IC 卡功能。该系统的特点是将广发 IC 卡与理财通卡复合在一张卡片上，实现了磁条卡、IC 卡的一卡多用。

- 理财一户通系统

该系统是该行新一代的核心账务系统和柜面业务系统，其第一期的开发侧重于对现有综合业务系统的补充，在个人消费信贷、小额质押贷款和客户综合理财手段等方面实现了突破，为今年对私业务的创新打下了良好的基础。该系统正在北京分行进行相关的测试和试运行。

- 通用代理业务平台

该项目第一期完成了通用代理业务平台的主体结构，确定了数据的接口标准，完成了银证转账、代理地税、代理电信等业务配置。该项目的完成和推广使各分行能结合各地区实际情况，在证券、保险、电信、税务等各领域发展长期的合作客户。

- 银行卡新业务

实现综合理财功能。前后开发并投产了个人人民币活期储蓄账户及广发信用卡的网上购物功能、“广东银联”电子商务（网上购物）功能、“交费易”系统、广州地区移动银行业务、信用卡24小时不间断消费交易功能、信用卡清算系统。2000年是银行卡业务品种、发卡量大为发展的一年，总、分行先后推出了“广发千禧奥运珍藏信用卡”、“广发金牌理财通卡”、“广发智能卡”、中大珠海分校的“广发中大校园卡”、北京和中山的200电话卡、新会的医疗保险理财卡、温州的电信联名卡等一系新产品，取得了良好的效果。目前，该行理财通卡具有储蓄、消费、取现、转账、电子支付、IP长话等综合功能。

- 银证通系统业务

银证一户通即“存折炒股”，该项业务是指银行储蓄用户通过银行现有的储蓄网点，可直接在其银行账户上进行证券交易，银证一户通实现了用户直接在银行储蓄账户上进行目前所有种类证券的交易，如股票、基金、国债等，用户直接通过银行的电话银行、网上银行方式进行证券交易与咨询。功能包括：投资者通过银行电话委托系统进行证券交易，如同证券营业部的电话委托系统功能齐全，如A股、基金、国债、企债的委托买卖，撤单、新股认购、配股、配售，行情、成交情况、资金、股票的查询，代发红利及股息，修改密码等功能。

- 信贷管理系统

全系统共分四个子系统，即公司业务、个人业务、信贷人员（客户经理）管理及报表合并。实现信贷信息采集、处理及业务操作的程序化，以达到提高信贷业务及管理人员的工作效率、提高信贷风险管理及经营管理水平的目的。

- 外汇宝

外汇宝包括个人外汇买卖和代理买卖外汇债券业务，实现柜台、自助终端、电话、网上、手机等交易方式。利用先进的科技手段和网络技术，提供不受时间和地域限制的个人外汇理财系统。同时，支持全行联网交易，包括报价数据下发和交易数据上传；支持即时价和委托交易方式；支持柜台交易、客户自助交易、电话交易和网上交易；客户资料统一管理，产生客户经理管理和营销管理的足够信息；支持交易敞口管理和风险控制的动态管理；支持多种技术分析工具，例如曲线图、K 线图等。本系统将详尽考虑与综合业务、网上银行、电话银行和理财一户通等现有系统的连接和数据交换问题。

- 单证中心 E – BILLS 系统

E – BILLS 是用多媒体技术将单据的图像信息传递到单证处理中心，由单证处理中心集中地处理国际结算业务的软件。E – BILLS 是业务处理的集中国际结算业务系统。

（2）电子商务网上支付业务开展情况

该行实现电子商务网上支付的目标是完全实现 B2B 和 B2C 的网上交易支付并使之更加安全、便利、多样化。实现手段包括：

（i）加强客户端的身份管理，采用 IC 金融卡、结合身份证等

（ii）电子现金（E – Cash）

同广发信用卡系统相连接，实现“广发卡”（包括借记、

贷记和外币卡）在网络上流通和消费者间货币转移。

（iii）小额支付（Micro Payment）

该行网上银行第一期支付网关开发完成后，广州分行、中山分行、汕头分行等部门进行了积极的推广应用，相继有南航、中山数据局网上商城、新城网上商城、汕头电子商务一条街等多家商户积极与该行的支付网关链接。

（iv）建立强大的后台支援系统

- 通过客户信息管理来管理商家信息、消费者信息等。

- 通过交易历史明细来进行消费者的行为模式分析、客户消费行为分析，为企业提供产品咨询服务。

- 日终报表打印。

（3）网上银行业务发展现状与近期规划

毋庸置疑，网络正在改变着我国的金融业。随着这种改变的进一步深化和发展，一个更加方便、快捷、多样、更加个性化的金融服务时代，正在大步走向我们的生活。这就是网上银行。

该行目前已开发完成了网上银行的第一期工作，目前实现的功能有：

（i）个人银行

查询、转账、事故事项及信用卡申请及相关服务。最终包括存贷汇业务。查询类可查询个人储蓄账户（活、定期）的余额、交易历史特别是综合账户业务，为客户提供方便的个人理财渠道。综合分析国债、企业债券、股票、黄金和外汇、基金和保险。

下一步将柜台现有的各业务品种，进一步包装、整合，形成更适合的金融产品，将本外币、储蓄账户和信用卡相结合，逐步建立起个人客户信用体系，为网上的信贷业务奠定基础。个人银行将着重代理业务和私贷业务的网上运作。业务涵盖活期、定期、通存通兑，个人汇入、汇出汇款，银行个人信用卡，个人售汇、个人小额质押贷款、个人楼宇按揭业务、汽车按揭业务、助学贷款和消费贷款，账户炒股业务，个人手机支付业务等。

网上存折炒股将可实现：申请网上存折炒股，修改交易密码，证券委托买入，证券委托卖出，证券委托撤单，查询单笔委托记录，查询多笔委托记录，查询单笔成交记录，查询多笔成交记录，查询资金余额，查询单个证券余额，查询全部证券余额，查询申购配号，查询即时行情，下载或打印交割信息，网上股市行情分析。

除进一步完善现有的理财小工具外，将逐步强化理财功能以完善私人理财业务。

（ii）企业银行

目前开通了对公的余额查询：本、外币的活期、定期，公司信用卡账户，集团总部（总公司）可以查询到下属公司账户余额。

● 交易查询：本、外币的活期、公司信用卡账户所有交易明细、信用卡对账单下载，集团总部（总公司）可以查询到下属公司转账明细，单独查询在网上完成的转账交易。

● 转账：实时转账——转入转出账户（含信用卡账户）都是广发系统的，范围为广发所有分支机构。落地转账——转出行为该行，转入行是其他银行系统的，范围为全国所有银行。集团公司总部（总公司）可以转账（汇款）到下属子公司。

● 挂失及密码修改等。

● 国际业务：信用证开证申请、信用证修改申请、外汇买卖委托、余额查询、交易查询。

● 离岸业务：信用证开证申请、信用证修改申请、外汇买卖委托、出口押汇申请、汇款、余额查询、交易查询。

● 信用卡商户管理：在网上申请成为广发行的特约商户，发布本企业的商业信息，信息在主页等页面滚动显示。

下一步的工作目标将是：在企业银行中真正实现集团理财，使企业通过网上银行可以查询子公司与总公司之间上缴、下划的交易历史明细等页面，但对外转账只能通过总公司发生，完全适应现有公司的管理体制和财会制度。

能够在线办理各种贷款业务和融资业务，包括信用透支、买方信贷、担保业务等，而不仅仅是申请，实现网上代客外汇买卖和个人实盘外汇买卖。

进一步增添和整合网上银行的功能，将外币业务逐步纳入到网上银行业务体系中，使国内外结算业务都能够实现在网上的运行；与国内知名财务软件商合作共同开发“网上银行—财务软件”合成产品，为用户财务管理系统与网上银行系统的对接和资源利用提供便利条件；逐步将贷款等信用业务纳入网上银行体系；进一步完善电子商务资金结算功能和推出其他新业务等。

● 中间业务

随着金融体制的改革，要积极进行金融创新，大力研究中间业务，在经营范围和品种、业务规模和收入水平及服务手段科技化程度提高上达到一个新的水平。建立起高效、快捷的结算、支付系统，健全科学的核算体系和完善的管理信息系统，以及相应的通信网络、计算机应用软件配套能力。

（4）手机银行等业务的发展现状与近期规划

该行手机银行已开通了账务信息查询功能，目前正在开发的手机钱包项目，将实现银行信息短信通知功能，实现基于大容量 SIM 卡、SMS 短信服务平台的手机个人理财功能，实现网上银行个人缴费功能。

（5）开展电子商务网上支付和网上银行业务中的问题

电子商务在银行业运用很广，目前主要是发展电子支付和网上银行。电子支付的方法很多，如信用卡、电子现金、电子钱包、电子支票等电子支付手段和网上银行业务。首先应意识到，电子商务的本身是商务，其次才是电子化，因而完善商务的运作才是电子商务赖以发展的前提，为此必须解决好以下问题：

（i）认识问题

电子商务是新生事物，我国推行电子商务的最大障碍不是技术而是观念，要想转变观念，一是通过实例加强认识，二是加大宣传力度，使居民、企业及政府对这个问题有个新的认识。提高对电子商务的认识，还必须切实解决电子商务发展中所面临的种种问题，包括技术问题、管理问题和法律问题，以消除人们对电子商务的种种疑虑。宣传推广与实际推广密切结合，才能真正提高全民对电子商务的认识。

（ii）网络建设问题

银行网络通信以前主要依赖于卫星通信解决异地信息传递，现在可以利用以光纤通信为基础的宽带高速数字化通信技术和帧中继技术来解决中心城市之间的金融信息传输。特别是中国国家金融网（CNFN）的建设，使金融专用网络更具规模。但是，各个商业银行的专用网络 CNFN 之间存在着网间互联的问题。为了能充分利用商业银行的网络，就使用统一的互联网协议来实现不同的网络接口协议之间的互联。

（iii）安全问题

虽然我们在网上银行的安全问题上下了极大的功夫，采取了多种措施，但是，硬件核心、操作系统核心没有掌握在手中，安全问题仍旧是电子支付中最关键、最重要的问题。由于种种风险的存在，对在 Internet 上从事电子交易不免心存疑虑；同时，网上交易所能带来的巨大机遇和丰厚利润也无时无刻不在吸引着那些喜欢冒险的网络入侵者，买方、卖方和银行都必须承担来自外部的风险。

（iv）支付方式和信用卡处理统一化问题

在电子支付中存在着若干种支付方式，每一种方式都有其自身的特点，且有时两种支付方式之间不能互相兼容。因此，从推动电子商务的角度出发，有必要努力将各种不同的支付方式统一起来，融会贯通、取长补短，结合形成为一种较为完美的支付方式。支付方式的统一对各国、各家银行都是大有裨益的，它不仅可以免去支付方式不统一所带来的种种不便，而且能够确保电子商务在世界范围内顺利地开展。

（v）企业应用系统开发问题

应构建一个真正的支付系统，将银行和企业纳入其中。企业在网上发布产品信息并提供联机订单，由银行承担支付的中介。这是未来支付系统的发展方向，我国金融业应早做准备。

（vi）法律问题

运用法律来保护银行和客户在网上交易的合法权益，也是电子商务能否迅速发展的关键。有关电子商务的法律制定应该注意以下几种情况：

- 电子支付的定义和特征
- 电子支付权利

电子支付中涉及付款人、收款人和银行，有时还存在中介机构。各当事人在支付活动中的地位问题必须明确，进而确定各当事人的权利。

- 涉及电子支付的伪造、更改与涂销问题

在电子支付活动中，由于网络黑客的破坏，支付数据的伪造、更改与涂销问题越来越突出，对社会的影响越来越大。电子现金、电子钱包、电子支票的问题完全是一类新问题，法律责任的认定和追究需要全新的法律条文。

- 刑侦技术的发展问题

由于计算机技术的飞速发展，新的电子支付方式层出不穷。每一种方式都有自己的技术特点，都会产生新的法律纠纷。这些纠纷出现后，调查、认定是一个非常复杂的刑事侦察技术问题。在信息化时代，传统的实物证据逐渐被虚拟证据所代替。

（6）电子商务网上支付和网上银行的发展前景与趋势

银行业参与电子商务是必不可少的，而且对银行来说有着较大的利润空间。首先应认识到，银行在电子商务的活动过程中，起着直接的、重要的作用，是电子商务运作信息流、资金流和物流的重要组成部分，因而离开了银行的积极参与实际上就没有商务，也更谈不上电子商务了。但以目前的体制和经济发展速度，电子商务的前景并不乐观，真正能在中国起到作用的时间应在8年以后。

（i）从当前国内互联网的发展来看，大多数已经注册域名的公司都是大型的著名国内企业，已形成了一些大型门户网站，并开放网上虚拟电子商城面向广大的中小型公司，使得那些企业有条件在网上进行产品开发、销售和服务。

（ii）中国的网民日益增多，目前已有2 600万左右。无论是网民人口的数量还是人们对互联网的认识和接受，甚至是对网上购物的心态，都发展缓慢，但当条件成熟后，会有一个突跃的发展。

（iii）从各银行的情况来看，在国内大中城市网点分布广，开户的既有工商企业，又有社会各界群众，服务周到，信誉良好。千百万个银行客户都是网上业务潜在的消费者和商户。依托金融专业背景，可以提供更为丰富的金融信息乃至家庭银行服务。

（iv）从技术上讲，各银行计算机系统现在基本上全国联网，尤其是全国银行卡网络系统、异地通兑和资金汇划系统日臻完善，可以极大地方便网上交易的实时结算。

（v）参与电子商务，对于银行自身可以带来多方面的收益。第一，可以扩大客户群体，充分利用现有的客户资源。很久以来，银行千方百计地吸引新的客户，如大力发展中间业务、提高服务质量，这无疑是正确的，但是，在充分利用现有客户资源上，我们做得还不够，现在各大网站都在挖空心思地争夺有限的用户资源，孰不知，最大的用户资源在银行业。第二，通过银行自己的商业站点扩大对客户的服务范围，如网上银行、家庭银行、中间代理业务、理财咨询等。第三，通过对网上交易收取手续费、提取部分交易额或收取广告费用等方式增加营业收入，扩大营业范围，创新银行业务，事实上，网上交易中介本质上也是代收代付业务的一种，但获取的利益却是一般代收代付业务所不能比拟的。第四，在客户允许的前提下，通过整理客户的交易资料，向有需求的商家提供指导性的建议而获取巨大的增值费用。第五，社会效益也是很显著的，既可以增强银行的品牌效应，又能推动网上经济的健康发展。

该行建设网上银行的近期目标是方便客户，满足客户日益增长的随时随地的金融服务需求，帮助客户更新理财观念，享受到先进的信息技术在金融行业中的切实应用。远期目标则是以革命性的金融服务方式，以遍布全国的大中城市综合业务网络系统为基础，以 24 小时到账的清算系统、统一的广发卡系统为依托，支持实时网上结算，支持网上购物、网上订房、网上订票以及对公支付的 B2B 交易等电子商务行为，为客户提供全方位、全天候的金融服务，进而促进电子商务在中国的发展。同时，网上银行的实施将为该行带来可观的效益，其优势和效益将集中体现在以几个方面：

网上银行的实施使该行与别的商业银行在互联网的电子商务领域处于同一起跑线上，而不是决定于现在各不同商业银行的规模大小。

网上银行的实施对该行的“奥运卡”推广有极大的促进作用。网上银行的实施奠定了该行在电子商务上进一步扩大发展的基础，也为该行开拓了一个崭新的、广阔的市场。目前，网上银行的日均交易量为 1 500 笔左右，其中，非金融类交易（查询、挂失）约占 1/3，金融类交易（汇款、转账）约为 5%。目前，全行的各种交易量为 25 万笔/天。若网上银行业务推广得力，预测 1 年后①网上银行交易总笔数能达 5 万笔/天，相当于 100 个网点的交易量。

11. 深圳发展银行有关情况②

（1）银行卡系统、电子汇兑系统的发展历史和现状

1992 年 12 月，经中国人民银行批准，深圳发展银行在

① 预测时间是从成稿时间起算。
② 银行名称以成稿时名称为准。

深圳首次推出了自己的银行卡——“发展卡”。

为了作出自身的特色、满足市场的需求，发展卡在一开始推出时，就设计了一些独具特色的服务，并不断开拓创新，其中部分服务属国内首创。

（i）首推“即时发卡”服务

“发展卡”分为透支卡和非透支卡，其中，非透支卡面向社会大众，不需要提供担保人，只要申请人提供身份证件，就可以即刻领卡，方便了广大客户。

（ii）首创“一卡多户”功能

发展卡刚推出时，就将活期存款账户和定期存款账户集中在一张卡中，持卡人持一张卡就可以办理活期、定期存款业务，还可以通过电话银行在活期和定期之间相互转账。

为方便客户管理多本存折，发展卡在1994年推出了“卡折相通”功能，通过发展卡可以连接本人的多本储蓄存折账户，这样通过一张发展卡就可以管理本外币、定活期等多个账户。

（iii）首创“电话汇款”功能

深圳是个移民城市，汇款业务量特别大，针对当年深圳汇款排队、等候时间长的情况，“发展卡”在国内首次将银行卡和异地汇款业务结合起来，开办了“电话汇款”业务，持卡人只要打一个电话，就可以将发展卡内的款项汇给指定的异地收款人。

（iv）首创银行账户直接买卖股票功能

1993 年 5 月，“发展卡”推出“买卖股票”功能，持卡人通过电话就可以使用发展卡内账户的资金直接买卖股票，不需要将资金转到证券公司的保证金账户上，免除了股民在银行和证券公司之间来回调拨资金的烦琐。该功能一经推出，就受到了市场的欢迎，并一直成为“发展卡”业务的重点之一。近两年，国内各家商业银行纷纷开发这项业务，这种“银行管资金、券商管股票”的业务模式已成为业界普遍的做法。

在近九年的发展过程中，发展卡不断增加新的功能，目前的主要功能包括一卡多户、卡折相通、通存通兑、购物消费、转账结算、电话汇款、消费信贷、证券买卖、银证转账、代收代付、长话通、IP 电话等。

除了齐全的服务功能之外，发展卡还为持卡人提供了多样化的服务渠道，包括柜面服务、自助银行、电话银行、移动银行、网上银行、金卡网络等。持卡人完全可以根据自己的需要，选择便捷的服务渠道、完成所需的理财服务。

截止到2001年6月，发行发展卡的城市包括深圳、广州、佛山、珠海、海口、上海、杭州、宁波、温州、北京、大连、重庆、南京、天津等地区。

深圳发展银行一直大力支持国内银行卡的联网联合工作，发展卡是“深银联”的首批入网卡种之一。于1996年4月开通了“深银联”公用ATM网络跨行业务，1998年6月开通了“深银联”公用POS网络消费业务。深圳以外的其他分（支）行也陆续加入了当地区域金卡中心。

深圳发展银行是全国金卡总中心的会员行，已经和金卡总中心联网并开通了全行的发卡行业务。

1996年7月，深圳发展银行加入了Visa国际信用卡组织，并于2001年和Visa进行联网，准备发行国际卡。

1998年深圳发展银行异地主机通兑清算系统投入使用。该系统投入运行后，从根本上解决了深圳发展银行全辖范围资金清算的问题，实现了异地储蓄、会计通存通兑，为深圳发展银行向全国性的商业银行转型打下了坚实的基础。

1999年6月，深圳发展银行实时电子汇兑系统开通。它在ES/9000主机网络系统基础上开发，具有网络结构先进、报单无纸化、信息实时发送、资金实时到账等特点。目前已实现了深圳、北京、上海、广州、杭州、海口、珠海、佛山、宁波、温州、大连、天津等全国10多个城市的资金实时汇划。在深圳发展银行开户的客户，汇款在几秒钟内即可到达收款方开立的账户，单位和个人均可申请办理，收费与其他异地汇款收费标准相同，切实为客户提供快捷、安全、方便、准确的资金汇划服务。

（2）网上银行业务发展现状与近期规划

随着Internet技术的发展，通过Internet进行电子商务的外部环境日益成熟，银行作为支付中介的提供者，是电子商务中必不可少的关键部分，必须参与到电子商务的过程中来。银行提供在网上进行支付结算的功能，是数字化时代网络经济对银行的要求，如果不能顺应潮流，银行就有被淘汰的危险。

在此情况下，深圳发展银行（以下简称深发行）在2000年4月初正式立项，启动了网上银行项目，开始了深发行网上服务系统的建设工作。

在项目启动之初，深发行就树立了高起点、安全、实用、以客户为中心、分段实施的项目目标，决心将网上银行系统发展成为深发行的拳头产品。

经过艰苦的努力，深发行网上银行系统于2000年10月开发完成并投入运行，深发行于2000年11月17日与中国金融认证中心（CFCA）在深圳五洲宾馆联合举行了新闻发布会，正式向社会推出“发展网”网上银行服务。

“发展网”网上银行分为企业服务和个人服务两大部分，它为客户提供了一条全新的银行业务办理渠道，它使用户能够不受时间与空间的限制，足不出户便可通过任何一台可上网的电脑办理查询、预约、转账等银行业务，省去了跑银行的时间与麻烦，真正做到“方便快捷、随心所欲”。

“发展网”网上银行目前为个人用户提供以下服务功能：

（i）公共信息服务

-深发行简介

-业务介绍

-金融信息

-利率、汇率查询等

（ii）查询服务

-活期存款查询

- 发展卡查询

- 定期一本通查询

- 未登折交易查询

- 网银交易清单查询

（iii）预约业务

- 签发银行汇票预约

- 大额提现预约

- 零钞兑换预约

（iv）转账支付

- 活期存折与定期一本通互转

- 活期存折与发展卡互转

- 发展卡卡内账户互转

- 同城行内转账

- 同城跨行转账

- 异地汇款

（v）网上挂失

“发展网”网上银行目前为企业用户提供如下服务功能：

（i）公共信息服务

–深发行视窗

–深发行快讯

–业务概览

–机构网络

–今日牌价

–客户空间等

（ii）查询服务

–活期存款查询

–贷款查询

–历史交易记录

（iii）预约业务

–签发银行汇票预约

- 支票凭证购买预约

- 大额提现预约

- 零钞兑换预约

（iv）转账支付

- 内部转账

- 同城行内转账

- 同城跨行转账

- 异地汇款

（v）用户管理

- 添加用户

- 修改用户权限

- 删除用户

- 修改用户密码

（vi）集团用户功能

- 授权母公司

– 分配子公司

– 查询子公司资金流向

“发展网”网上银行具有如下特点：

● 实现跨行第三方转账。用户不仅可进行内部账户之间的转账，还可进行跨行第三方转账和异地汇款，是真正意义上的“网上银行”。

● 采用 CFCA 证书认证体系。CFCA（中国金融认证中心）是由中国人民银行牵头，包括中行、农行、工行、建行及深发行在内的 12 家商业银行参与组建的专门金融认证机构，是目前国内最具权威性的金融认证机构。采用 CFCA 证书，结合 SSL、SPKM 等加密协议，确保了“发展网”网上银行的系统安全。

● 独有的多用户管理功能使企业可根据自身需要建立多个内部用户，并分别赋予不同操作权限，各用户各司其职又互相监督制约，既方便企业内部管理，又可保障企业资金安全。

● 集团用户功能使集团用户可以对整个集团的资金进行实时监控与划拨。

- 实现个人用户网上开户。

- 技术先进，并且采用了 B/S 模式，操作简单，升级方便。

截止到 2001 年 7 月，深发行全辖范围内都开通了网上银行服务，已有企业用户 1 000 余户，个人用户 6 000 余户，交易金额 60 多亿元。

在目前功能的基础上，深发行正在不断进行网银新功能的开发，目前正在开发的功能有大客户版网上企业银行、网上证券买卖、网上工资管理系统、网上收费管理系统等。按照深发行的规划，“发展网”网上银行将成为“一站式”综合理财平台，为深发行的客户提供金融、证券、保险的综合理财服务。

（3）网上支付开展情况及近期规划

在网上支付方面，深发行在开发自己的 B2C、B2B 支付平台的同时，采用“联网联合”的方式，以“发展卡”为载体，积极参与了中国人民银行的联合支付网关的建设工作。目前，在深圳、广州、上海等地，进行网上交易的个人用户，都可以选择“发展卡”，通过中国人民银行的支付网关进行支付。

深发行的支付平台将在2002年初推出①，针对B2B交易，深发行将提供“网上信用证”、“第三方担保的转账支付”等适合中国国情的支付方式，满足客户需要。

（4）手机银行业务发展现状与近期规划

深发行在2001年初与中国电信合作，开通了基于短信平台的手机银行，提供查询、内部转账、银证转账服务。

WAP手机银行也于2000年末正式开通，该项服务与网上银行系统共用一个平台，由于目前WAP的安全问题，目前只提供查询功能。

随着WAP技术的成熟以及安全问题的解决，深发行将在WAP手机银行中提供更多的服务，同时深发行也在考虑与电信部门合作提供基于短消息的手机金融通知服务，该项功能在深发行的新一代综合业务处理系统中已经开发完成。

（5）开展电子商务网上支付和网上银行业务时遇到的困难和障碍以及需要中国人民银行解决的问题

现代化支付系统是电子商务发展的基石。目前各家商业银行的业务处理系统都已有相当规模，深发行的新一代综合

① 成稿时该支付平台尚未推出。

业务处理系统也将于2001年投产，这些都为电子商务的进一步发展提供了基础。但是国家支付系统尚未建立，绝大多数城市的同城支付清算系统尚未建立，资金跨行实时清算的问题没能有效解决，制约了电子商务的前进步伐。

作为电子商务的另一个基础，社会信用体系没有建立，削弱了以技术手段在网络环境中建立信任关系的有效性，增大了电子支付、网上银行交易的风险，限制了网上银行、电子支付业务的推广。

有关网上支付、网上银行的立法工作相对滞后，有关的法律法规不健全，缺乏对数字签名、电子票据有效性进行确认的法律依据，一方面使银行在开展网上银行业务时承担了较大风险，另一方面也削弱了用户对该业务的信心，制约了网上银行业务的发展。

所以，中国人民银行应该尽早完成国家支付系统的建设工作，采用管理手段规范网上银行业务，防范和化解潜在的风险，推动网上银行、网上支付的健康发展。同时，尽早修订有关法规和制定相关管理办法，为电子商务的发展创造良好的法律环境。

（6）对电子商务网上支付和网上银行发展趋势的总体看法

随着互联网应用环境的不断改善，网上银行和网上支付必将成为银行今后的主要服务发展方向，对银行业将产生深远的影响。电子商务将使银行的业务模式和经营理念发生根本的改变，这已经越来越多地为银行业所接受。

首先，网上银行以及电子支付可以使银行降低经营成本，通过网上银行的应用，银行可以大幅缩减物理网点的数量和规模，有效地降低经营成本。

其次，网上银行的应用使商业银行突破了时空限制，通过网上银行，客户在任何可以访问国际互联网的地方都可以享受银行的金融服务，而且这种服务不受银行上班时间的限制，是每周 7 天、每天 24 小时的不间断服务。

再次，网上银行促进了金融创新，使银行有可能向客户提供更具个性化的金融服务产品，使“一站式”的综合理财服务成为可能，使用户可以在同一地点完成结算、证券买卖、保险、贷款等理财要求，极大地提高了银行业的竞争力。

深发行在网上银行建设之初，就已经把网上银行业务作为了未来的重点业务来发展，根据网上银行业务的特点，成立了专门的网络银行部来发展和管理网上银行业务。从自身情况出发，深发行一直把打造科技领先的精品银行作为自己的奋斗目标，深发行将通过网上银行整合银行所能提供的金融服务，并且进行更多的金融创新，将其发展为“一站式”

的综合理财服务平台。

12. 福建兴业银行有关情况①

福建兴业银行是经中国人民银行批准成立的十家全国性股份制商业银行之一，总行设在福建省福州市。开业以来，该行始终以建设全国性现代化商业银行为目标定位，实施从严治行、专家办行、科技兴行战略，推进有形网络扩张和无形服务延伸、有形产品创新和无形体制改革相结合，不断加快改革发展步伐。网上银行这一现代高科技和银行业务相结合的产物，作为扩展无形服务渠道，实现有效服务区域超常规发展的有力手段，是该行改革发展的战略重点之一。

（1）电子汇兑系统发展情况

福建兴业银行经过多年持续不断的努力，建成了先进的电子化生产系统。该行电子汇兑系统于1999年在全国投入运行，该系统集资金汇划、对账、清算、查询查复、监管和财务核算等多种功能于一体，实现实时到账，账到抵用；系统内资金汇划当日清算，取代了原有的联行汇差次日清算模式，具有快捷、安全、方便的特点。该系统具有较强的风险防范能力，全程实行全封闭、全自动运行，采用先进的加密措施，

① 银行名称以成稿时名称为准。

能有效防止信息被截获、破译，相关的运行设施和线路均有备用功能。该行1997年投产了集多币种、多储种、多功能于一体的银行卡（“兴业顺通卡”）业务处理系统，开通全辖通存通兑业务，广泛发展特约商户。在开展电子商务支付业务时，该行充分发挥其电子化生产系统版本统一，“本外币、对公个人业务一体化集中处理”的优势，在一个统一的电子化生产环境下安全、准确、高效地处理各类支付指令，为网上银行业务的发展奠定了坚实的基础。

（2）网上银行业务发展情况

福建兴业银行从市场和客户的需求出发，结合自身经营管理实际，着重从如下方面发展网上银行业务：充分发挥网上银行在克服空间和时间障碍上的优势，为现有的金融产品提供新的服务渠道，扩大有效服务区域，提高客户服务水平。在此基础上，利用网上银行加强银行和企业之间的联系，促进企业财务管理信息系统和银行支付系统的整合，结合电子市场空间的特点，提供创新产品和服务，帮助企业提高财务管理和资金运作水平。在网上银行个人业务方面，除了在现行法规的框架内，发展和证券、保险等金融同业的代理业务外，进一步加强和电子商务服务供应商的合作，借助大型专业网站的力量，批量发展特约商户，为个人客户的工作、生活和消费提供更多更好的选择。

本着合规经营、合法经营的原则，在确保安全的前提下，福建兴业银行网上银行目前主要提供如下服务。

（i）信息发布。主要有：兴业概览，包括福建兴业银行简介、机构网点分布情况介绍、年报、大事记等；服务介绍，包括该行开办的各项业务品种简介及其有关办理程序；新闻中心，介绍该行的最近动态和有关经济金融信息；客户服务，包括存贷款利率查询、金融知识介绍、客户留言等。

（ii）网上企业银行方面，目前的业务功能主要有：

• 账户查询，包括企业在福建兴业银行各机构开设的各类账户的余额和交易明细查询，提供多种查询方式。

• 内部转账，指客户在福建兴业银行系统内开立的多个账户之间的资金划转。

• 对外支付，用于客户向其他企业支付款项，不受地域限制，可跨行支付。

• 集团企业内部头寸管理和资金调拨，便于集团公司对子公司的资金管理和监督。

• 发放工资。

（iii）网上个人银行方面，主要面向兴业银行现有的个人客户。客户可登录兴业银行网站申请网上客户号，之后就可以享受到的服务功能有账户查询、个人资产管理、修改密码等服务。但凡涉及资金划付的业务，例如约定转存、缴费、网上支付等交易只有在柜台对账户签约以后才能进行。目前的业务功能有：

- 账户查询。

- 理财服务。客户可以管理自己的所有账户，同时还提供如约定转存、通知存款预约等服务功能。

- 账户挂失。

- 账户转账。提供活期账户之间的转账服务。

- 银证转账。可办理证券资金与银行资金的互相划转。

- 网上购物。

- 网上缴费。主要是缴交各类公共事业使用和服务费用。

福建兴业银行网上银行在系统设计、开发上和日常运行管理上采用了多种有效措施以确保系统安全。一是全行统一使用 www. fib. com. cn 作为客户访问的入口地址，集中监控。二是采用多层防火墙的体系结构，使用具有高安全等级的系统软件平台、独立的运行环境，可有效抵御内外部的攻击。三是企业银行采用中国金融认证中心的 CA 系统，企业端安装 CFCA 的企业高级证书，所有数据传输均通过 CFCA 的认证加密。四是个人银行数据传输采用先进的 128 位高强度 SSL 加密技术，客户使用时，所有数据均经过加密后在网上传输，安全可靠。五是设置专职岗位监控系统的日常运行，建立有效的攻击检测和防御机制。

目前福建兴业银行网上银行业务网上交易量已经突破百亿元大关，受到客户的好评。福建兴业银行将进一步完善现有网上银行系统，有针对性地选择合适的业务品种上网，为客户提供更加方便、快捷、安全的服务，实现同兴业共成长的目标。

（3）电子商务网上支付发展情况

作为网上银行的重要组成部分，网上支付主要包括个人、企业两大主要分支，福建兴业银行网上银行分别设立有网上个人银行和网上企业银行，在网上个人银行部分专门有网上支付接口和网上支付信息管理界面，在网上企业银行部分提供有企业集团资金调拨和对外支付的功能。网上商户在银行开户并签订合作协议后，根据银行提供的网上支付接口在其网站上与银行建立连接就可以为客户网上购物提供网上支付，所有客户私人信息对于商户都是可见的，并且数据在网络链路上的传输是经过加密的，在安全方面有充分的保障。在网上企业银行方面，福建兴业银行使用通过中国金融认证中心（CFCA）统一发放的证书，除了保证网上交易及支付的安全性外，更为未来电子数据交换和交叉认证规范化打下良好的基础。经过充分的测试和长期试运行，系统稳定、安全，可以为个人用户及企业用户网上支付提供有力的支持，目前与福建信息产业集团有限公司等单位建立合作关系，提供个人网上支付，并在兴业证券等单位推广使用网上企业银行，有效提高资金周转速度。

（4）手机银行发展情况

在建设网上银行的经验基础上，考虑到我国移动用户的庞大数量，福建兴业银行也在手机银行方面做了一定的工作，目前正在进行相关项目的运作，主要是手机用户通过短信息（SMS）与当地建设的电子信息交换平台进行通信，进行福利彩票购买、机票订购等各种交易，支付是通过电子信息交换平台与银行进行确认实现。

（5）未来发展规划

随着科技的进步和福建兴业银行自身的发展，福建兴业银行充分意识到科学技术的力量，正在实施从严治行、专家办行、科技兴行的战略，推进有形网络扩张和无形服务延伸的结合，推进有形产品创新和无形体制改革的结合，加快建设全国性现代化商业银行的步伐。随着以客户为中心的经营管理体制的健全，以服务为导向的目标的确立，福建兴业银行将在电子化工作上再上一个台阶，建设更为强健的账务处理核心，提供各种服务渠道的接入途径，年内①将实现全行数据大集中，并向整体银行的目标定位迈进，电子汇兑率有望得到进一步的提高，随着金融电子数据交换平台的建设，将可以提供更加灵活、有序、高效的服务接入和业务拓展。福建兴业银行目前正在对网上银行进行下一阶段工作的规划，在现有版本全行推广完毕后，将进行二次开发，将原有功能进行进一步完善、扩展，并提供更为方便的分行特色服务接入，加强与企业及其他机构的信息交换，引入新的协议（如XML等），通过通用的金融电子数据交换平台，为电子商务信息交换提供更为规范的接口。

（6）中国人民银行的推动作用

中国人民银行对于金融电子化进程的影响无疑是深远的，这在“金卡工程”和“支付结算系统”的建设成效中得到了很好的体现和证明。同样地，在电子商务的开展方面也是如

① 年内指成稿年份。

此。开展网上银行及电子商务网上支付需要有充分的安全保障，由中国人民银行牵头、联合国内多家商业银行共同建设的中国金融认证中心（CFCA）作为一个权威的、可信赖的、公正的第三方信任机构，为参与电子商务各方的各种认证需求提供证书服务，建立彼此的信任机制，为全国范围内电子商务及网上银行等网上支付业务提供多种模式的认证服务，在很大程度上推进了我国电子商务的进程，并为未来证书的延续及与国外 CA 的交叉认证打下良好的基础。作为金融认证中心，在电子商务数据保密性、真实完整性和不可否认性等方面起着极大的作用，同时也是电子商务顺利开展的一道必经的重要关卡，其系统的安全性、时效性、稳定性极大程度地影响着广大用户，并与未来各种证书的交叉认证有着直接的关系，其服务的便捷程度则间接地影响着各项电子商务活动，在此方面工作的加强将是对我国电子商务开展的极大支持，也是对各银行网上银行开展的极大帮助。

虽然目前全球网络经济普遍不景气，但是过滤掉泡沫之后，电子商务的发展正在由概念转向务实，可盈利的经营模式已经成为业界关注的焦点。感于“经济全球化”的发展趋势压力，传统行业也纷纷加快了商务电子化进程，传统经济网络化特征已经越来越明显，“第五届中国国际电子商务大会”参展的企业七成以上有着背景各不相同的传统经济底色，而上网人数及网上交易人数的不断增长，更是各界对电子商务前景信心的最好说明。随着我国宽带网的建设，上网的便捷程度进一步改善，网络不久势必真正走入广大普通百姓生活之中，网上银行也将真正成为百姓身边的银行，网上支付将成为人们的新选择，并成为企业用户进行汇兑的新途径。尽管我国电子商务仍处于初级阶段，交易手段、范围、交易人数、安全认证等均存在一定的局限性，但是成绩也是显著的，相信电子商务将在不久的将来成为我国经济体系的重要分支之一。网上银行及电子商务网上支付的进一步完善将有效地促进电子商务应用推广，为国民经济发展和社会进步作出新的贡献，这也正是福建兴业银行努力的方向。

13. 上海浦东发展银行有关情况

（1）电子商务基础设施建设现状

该行东方卡系统开发于1994年，发行的东方卡集磁条和芯片为一体。1995年下半年完成金卡联网系统的开发，同时实现了和上海金卡中心的ATM/POS联网。1997年底实现代理Visa、Master外卡的系统开发。1998年下半年全行实现卡系统的异地通存通兑功能，可以实现实时的异地的存取款、消费，并支持异地的芯片脱机消费。1999年1月成为和银行卡总中心联网的第一家银行，实现了异地跨行业务。2000年

5 月推出了东方借记卡系统，2001 年 5 月在东方卡（含借记卡）原有功能基础上推出理财卡功能，使得东方卡成为本外币合一涵盖各种储蓄品种的理财卡。迄今为止，全行各地分行共发卡达 240 多万张，建成了包括 424 台 ATM 和 5 490 台 POS 的卡受理网络，并和各主要区域金卡中心及银行卡总中心实现了联网。同时，该行东方卡依托芯片的功能，实现了在图书馆、出租车、食堂餐饮方面的多种应用。

该行系统内电子汇兑系统分为对公同城实时清算业务系统与对公异地联行汇兑业务系统。其中对公同城实时清算业务系统于 1996 年开发、于 1997 年年初完成并投入使用至今，目前除少数行未实现开通借记业务外，该项业务已在全国各网点开通，实现同城票据业务的托收托付业务和行内资金清算、资金调度拆借业务。对公异地联行汇兑业务系统于 1997 年开发并于 1998 年年初投入使用至今，目前已实现系统内全国联网，该系统具有异地资金汇划实时到账、汇票解付实时处理等功能。

（2）网上银行业务开展情况及近期规划

为了实现“科技兴行”的战略目标，该行对网上银行的相关技术进行了积极的探索和研究，并于 2001 年年初开始进行网上银行项目的开发工作。经过系统科学的论证，结合该行的实际情况，确定了该行网上银行的建设应遵循安全性高、功能强、易使用的原则，在此基础上制订了网上银行分阶段实施的工程规划。其工作目标分别如下：

（i）一期工程（2001 年 1 月—2001 年 6 月）

在该行已初步建成的外部网站和企业内部网架构的基础之上，搭建网上银行系统基本框架，向该行客户提供人民币对公和外汇对公账户的各类实时查询功能，并实现东方（借记）卡持卡人的账户查询功能。

（ii）二期工程（2001 年 7 月至今）

在一期工程搭建了网上银行系统基本框架的基础上，全面推出内容丰富、功能强大的网上银行服务。包括余额查询、交易查询、内部转账、对外支付等业务功能，考虑为对私、对公客户推出理财分析服务。同时拟推出网上申请类业务，如网上申请东方（借记）卡、网上申请个人消费贷款等。

目前，该行网上银行一期工程已开发完成，并于 6 月底正式投入使用。与此同时，该行制定了《上海浦东发展银行网上银行查询业务（个金）暂行规定》、《上海浦东发展银行网上银行查询业务（对公）暂行规定》，对业务操作加以规范。现阶段的成果正在全行范围内推广，实现的功能如下：

- 严格的“网上银行”用户和用户权限管理功能
- 个人金融业务

  – 东方（借记）卡账单查询、清单查询
- 人民币对公业务

  – 账户余额查询

  – 账页查询

  – 各类单据的查询（定期存款、贷款、汇票、存折、贴现、本票）

  – 交易流水查询
- 外币对公业务

  – 分户账查询

  – 流水账查询

  – 存贷款卡片账、发生明细查询
- 公共信息查询

  – 储蓄利率查询

- 本外币存贷款查询
- 外汇牌价查询
- 每日汇市简评

现阶段，该行正在紧锣密鼓地筹备二期工程的开发。在二期工程的实施中，该行将引进成熟先进的网上银行核心平台，在此基础上开发该行的网上银行系统。使用该平台也能方便地构建该行的 WAP 手机移动银行、电子商务支付网关以及呼叫中心。

（3）开展电子商务网上支付业务和网上银行时遇到的困难

随着我国商业银行网络基础设施建设的逐步完善、各种金融卡产品的推广普及以及 Internet 的热潮在我国的兴起，我国网上银行的发展条件逐步成熟。但是，网上银行作为一种新生事物，其发展也面临着许多困难，主要表现在以下几个方面：

（i）网络安全的挑战

网上银行离不开互联网，而互联网的最大特点在于其开放性和超越空间性，这一特点给犯罪分子利用计算机和互联网犯罪提供了十分便利的条件。同时，计算机病毒在互联网上的广泛传播，也直接影响到银行的数据安全。目前尚缺乏足够的技术手段和法律保障来有效防止这些犯罪行为。

（ii）传统银行机制的阻碍作用

传统银行的一些固有机制和观念，如不及时加以转变，也将给网上银行的发展带来一些困难。

首先，我国传统银行业一直遵循着静态的单中心多层次的管理理念，业务主要集中在资产和负债业务上。而网上银行的发展要求以科技创新为动力，多中心多层次动态地向社会提供各种中间业务和金融咨询服务。

其次，中国人民银行的传统监控管理机制不能适应网上银行的发展要求。电子货币的使用将威胁中国人民银行对货币总量需求与供给的控制能力，大量电子货币在社会上流通，将改变中国人民银行资产负债规模。网上银行的业务将朝着证券、保险、支付结算等多层次、全方位发展，也给我国的金融业“分业经营，分业管理”提出严峻挑战。另外，互联网的全球性将导致网上银行业务的地域扩大，如何加强中国人民银行与世界各国中央银行的协作，避免各类金融违法事件的发生，也成为中国人民银行的当务之急。

（iii）我国国情和经济条件的限制

我国互联网发展才刚刚起步，电信基础设施不够完善，金融消费的主体还没有上网，网上银行的发展面临需求不足的问题。另外，我国信用消费能力不发达，货币电子化进程缓慢，各种银行卡的功能有限，使用也不够方便，电子商务、在线支付更是处于起步阶段，从而给我国网上银行的发展造成困难。

针对我国网上银行建设面对的种种困难，政府、中国人民银行和各商业银行应分别采取积极措施，为我国商业银行的发展铺平道路。

（i）尽快建立和完善各类有关网上银行的法律规范和配套机制

国家立法部门必须根据网上金融业发展的实际情况，借鉴国外先进经验，制定或修改适用于网上银行操作运行的法律法规，对市场准入、通信安全、法律责任及打击金融犯罪等问题加以立法。另一方面，由中国人民银行建立全国统一的金融 CA 中心，建立一套具有权威的安全认证规则及机制。

（ii）实行商业银行经营管理上的创新

充分利用各种成熟的互联网技术和数据库技术手段，积极开发新的信用工具；建立起适应网上银行发展的新的人事组织制度，加强计算机维护人员与业务人员的分工协作，制定一系列管理维护办法，规范网上银行的业务操作；引入市场营销观念，以客户为中心，以经济效益为核心，加强规划市场调研力度，积极推广新的金融服务。

（iii）加强电子商务基础设施建设

大力发展国家高速信息网络，降低上网费用，提高我国企业和家庭的网络信息化水平；同时，各商业银行应加大信用卡等电子支付工具的普及力度，实现机具共享，让人们体验到电子支付工具的优越性。

（iv）加大中国人民银行金融监管力度

中国人民银行应明确自身和其他金融企业在网络金融中的职责和权限，制定其在网络金融中总的任务、目标、法规并指导其他金融企业开展网上银行业务，明确电子支付结算的责权划分问题，加大金融监管力度，促进网上银行发展。

（4）对电子商务网上支付业务和网上银行发展前景和趋势的看法

在 2001 年，我国电子商务的宏观发展环境有了较大的改善，有利于电子商务的持续发展。在电子商务基础设施方面，电信基础发展迅猛，IT 技术产品创新加快，物流和金融基础条件有所改善。最近中国人民银行又出台了《网上银行业务管理暂行办法》，无疑会对电子商务有极大的促进作用。

在 B2B 电子商务方面，目前我国企业信息化水平低下，对电子商务的认知度普遍不高。因此电子商务的推进还需要政府、企业以及电子商务从业人员等各方面的共同努力，积极培育市场。根据调查分析，我国大型企业的信息化水平及电子商务应用水平远高于中小型企业。目前大型企业开展 B2B 电子商务的比例大约在 15%，而中小型企业只有 1.5% 左右。在未来两年内大型企业的 B2B 网站的交易额将会在全部企业间电子商务交易总额中占支配地位，将是电子商务发展的主要带动者。

在 B2C 电子商务方面，配送服务、支付方式和售后服务系统日渐完善。但是由于中国网民的年龄和月收入水平普遍偏低，决定了尽管我国网民人数成倍增加，但商业价值却非常低，发展前景不容乐观。预计产品种类少而精的 B2C 网上专卖店比综合类网上商城有较快的发展。针对年轻人市场的时尚、流行产品销售将会成为网上购物的新亮点。

在网上银行方面，由于我国企业的信息化水平低，个人、家庭上网的比例也不高，因此网上银行业务在近一两年内[①]的发展前景不容乐观，可能会面临需求不足的局面；网络安全、费用和传输质量问题也成为阻碍网上银行业务发展的主要因素；网上银行的服务种类还有待完善。根据我国现实条件及银行传统业务特点，预计网上银行的主要业务客户应该集中在B2C电子商务公司以及信息化程度较高的大中型企业，而个人用户的增长会相对比较缓慢。

目前国际金融界的发展状况表明，尽管电子商务面临着各种各样的困难，但是各国银行都在积极地探索不同的发展战略。因为有一点是可以肯定的，随着Internet的不断发展和金融界的不断创新，电子商务和网上银行必将给人们的生活带来深刻的影响，成为人们经济生活的主要伙伴。

① 近一两年针对成稿时间而言。

第四章　中国人民银行在互联网金融服务方面开展的相关工作

自 1998 年初，中国人民银行就注意开展互联网金融服务相关工作，积极推动了互联网金融服务在我国的健康发展。现将这几年[①]来的重大事件罗列如下：

• 1998 年 3 月，中国人民银行科技司以原支付体系研究室为主体，组织成立“电子商务研究小组”，对中国人民银行在电子商务中应该发挥的积极作用进行系统性的研究。

• 1998 年 4 月，中国人民银行科技司与 IBM 共同组织“电子商务研讨会”，对金融部门在电子商务中的作用进行研讨。来自中国人民银行、商业银行和各界的代表共 200 余人参加了会议。

• 1998 年 5 月，中国人民银行科技司组织召开电子商务研讨会。会上，IBM、TANDEM 公司对其电子商务解决方案做了介绍。来自中国人民银行各司局、金融电子化公司、清

① 这几年指 1998—2001 年。

算总中心、银行卡总中心和各商业银行科技部的代表80余人参加了会议。电子商务和互联网金融服务发展问题引起国内商业银行的广泛关注。

- 1998年6月，中国人民银行参加了由北京市政府牵头的“首都电子商务工程”建设，并承担了建设认证中心和电子商务支付网关的重任。中国人民银行科技司派人参加了工程总体组和推进组的工作。

- 1998年10月，中国人民银行科技司联合工商银行、农业银行、中国银行、建设银行、招商银行科技部共同成立了“金融系统电子商务联络与研究小组”，以及时了解各商业银行互联网金融服务工作进展情况，加强与各商业银行的沟通，并对电子商务安全认证、网上支付、相关立法等问题进行研讨。

- 1998年11月，中国人民银行科技司组织部分商业银行科技部召开金融认证中心建设方案讨论会。会议达成基本共识：由中国人民银行牵头，各商业银行参加，共同建设银行部门统一的金融认证中心，以满足国内电子商务安全认证的需求，确保电子商务网上支付的安全，并委托全国银行卡信息交换总中心负责CA建设的筹备工作。

- 1999年1月，中国人民银行科技司组织成立金融认证中心工程项目小组，开始撰写“金融认证中心需求分析”和

“金融认证中心工程实施方案”。中国人民银行科技司、工商银行等12家金融CA发起行派人参加了该小组。

• 1999年2月，中国人民银行科技司向金融信息化领导小组会议就金融CA建设事宜做了专门汇报。会议通过了项目小组向会议递交的金融CA工程实施方案，并成立了金融CA工程领导小组，负责金融CA工程建设中重大问题的决策。会议决定，金融CA工程建设应抓紧进行，以配合“首都电子商务工程”的建设进度。

• 1999年3月，金融CA工程项目小组完成“金融CA系统邀标书”和“金融CA系统应用需求书”，金融CA领导小组决定正式对外邀标。

• 1999年4月，中国人民银行与北京市政府联合举办了“IT战略在金融业中的应用和发展战略研讨会”。会上，日本三菱银行详细介绍了该行在互联网金融服务方面的发展情况。

• 1999年5—7月，金融CA工程项目小组对10家投标公司进行评审。

• 1999年8月底，金融CA工程正式签约，由IBM公司负责建设金融CA SET系统，由德达/Sun/Entrust负责建设金融CA Non－SET系统。

• 1999年11月，中国人民银行科技司组织召开“金融系统电子商务网上支付、网上银行研讨会”，来自中国人民银行分行、各银行卡中心和各商业银行科技部的150名代表参加了会议。会上，IBM、Sun、华腾、攀登科技等公司各自介绍了本公司的电子商务网上支付解决方案，来自花旗银行的代表还介绍了花旗银行网上银行系统建设和发展情况。本次研讨会极大地促进了电子商务网上支付和网上银行在我国的发展。

• 1999年12月，中国人民银行科技司完成“中央银行在电子商务中的作用和对策研究”课题，获得了与会专家的高度评价，为中国人民银行相关工作的开展打下了坚实的基础。

• 2000年初，中国人民银行组织工商银行、农业银行、中国银行、建设银行等成立“网上银行研究小组”，对网上银行相关问题进行系统性研究，以促进网上银行业务在我国的健康、有序发展，研究如何对网上银行业务实施恰当的监管。

• 2000年初，中国人民银行科技司以原支付体系研究室为主体，组织成立了“金融认证策略指南”研究小组，探讨金融认证体系的发展问题，以加强对金融行业认证中心的管理。

• 2000 年 4 月，“金融系统电子商务联络与研究小组”编写并组织出版了《电子商务——安全认证与网上支付》一书，获得了业界人士的高度评价。

• 2000 年 6 月，金融 CA 系统投入试运行。

• 2000 年 9 月，中国人民银行科技司组织召开“网上银行技术风险管理研讨会”，各商业银行科技部的 80 余名代表参加了会议。中国人民银行和各商业银行科技部负责人做了专题研究，对网上银行业务中的技术风险管理问题进行了详细的探讨。

• 2000 年 12 月，“金融认证策略指南”研究小组完成“金融安全认证策略与管理指南（草案）”。

• 2001 年 1 月，“金融系统电子商务联络与研究小组”编写并组织出版了《网上银行——技术风险及其管理》一书。

• 2001 年 5 月，“网上银行研究小组”完成网上银行研究课题。

• 2001 年 6 月，中国人民银行发布《网上银行业务管理暂行办法》。